Siegfried Jahn

Historische Ansichtskarten:
Indianer der Prärie und Plains

unter Mitwirkung von
Rudolf Oeser

Buchedition Amerindian Research
Nr. 6

Übersichtskarte Ethnien der Prärie und Plains

Siegfried Jahn

Historische Ansichtskarten: Indianer der Prärie und Plains

unter Mitwirkung von
Rudolf Oeser

Coverbild:
Häuptling Wolf Robe (Southern Cheyenne) nach einem Foto von A. Rinehart, Omaha.
Die Ansichtskarte hat einen Copyright-Vermerk aus dem Jahr 1903.

Bibliografische Information der Deutschen Nationalbibliothek:
Die Deutsche Nationalbibliothek verzeichnet diese Publikation in der Deutschen Nationalbiblio-
grafie; detaillierte bibliografische Daten sind im Internet über http://dnb.dnb.de abrufbar.
© 2025 Siegfried Jahn und Rudolf Oeser
Verlag: BoD · Books on Demand GmbH, Überseering 33, 22297 Hamburg, bod@bod.de
Druck: Libri Plureos GmbH, Friedensallee 273, 22763 Hamburg
ISBN: 978-3-8391-0952-6

Inhaltsverzeichnis

Einführung

Indianer Nordamerikas als Postkartenmotiv

Bis zum Aufkommen der Mobiltelefone war die Ansichtskarte eine beliebte Möglichkeit, zu allen erdenklichen Anlässen Grüße an Freunde und Verwandte zu versenden. Gegen Ende des 19. Jahrhunderts entwickelte sich die Postkarte zu einem Medium, mit dem man preiswert kurze Nachrichten versenden konnte. Ihre Blütezeit reichte bis zum Ersten Weltkrieg, setzte sich aber auch danach in etwas abgeschwächter Form in die zweite Hälfte des 20. Jahrhunderts fort. Neben Abbildungen von Städten, Landschaften und vielen anderen Motiven kamen in den USA und Kanada auch Karten mit Porträts, Lebensbildern und Ritualen der nordamerikanischen Ureinwohner auf den Markt. Da die letzten Kämpfe mit ihnen noch nicht weit zurücklagen und die Indianer als aussterbende "Rasse" galten, ließen sich Ansichtskarten zu diesem Thema gut verkaufen. Allerdings waren die US-amerikanischen Produzenten um 1900 und kurz danach technisch noch nicht in der Lage, die steigende Nachfrage zu bedienen. So ließen sich amerikanische Händler trotz steigender Zollgebühren nicht davon abhalten, Postkarten in Deutschland, das damals führend in der Druckindustrie war, herstellen zu lassen.

Als Vorlagen für die Postkartenmotive dienten sowohl Gemälde als auch Fotografien. Lokale Künstler hatten für die Museen ihrer Heimatstädte Gemälde wichtiger historischer Ereignisse angefertigt bzw. prominente Personen porträtiert. Charles Bird King (1785–1862) fertigte beispielsweise Bildnisse zahlreicher Vertreter indianischer Stämme an, welche die Hauptstadt der USA besuchten. Erwähnt werden muss auch der Maler Elbridge A. Burbank (1858–1949), der Porträts von Indianern anfertigte und im Auftrage des Field Museum of Natural History zahlreiche Reservationen besuchte. Er hinterließ 1.200 Darstellungen von Personen aus 125 Ethnien.

Ab 1870 hielten Fotografen im Auftrag des Bureau of American Ethnology und der Smithsonian Institution die Bilder der Besucher fest. Als einer der besten Fotografen erwies sich dabei De Lancey W. Gill (1859–1940). Diese Auftragsarbeiten wurden schließlich 1932 aus Geldmangel eingestellt.

Eine wichtige Quelle von Vorlagen für die Fertigung von Postkarten waren die Fotostudios in den Grenzstädten und in der Nähe von Reservationen. Hier arbeiteten Fotografen für die euro-amerikanischen Anwohner, die sich und ihre Familien gern auf Erinnerungsfotos festgehalten sahen. Aber auch Bilder von Indianern entstanden, oft vor künstlichem Hintergrund und ausgestattet mit indianischen Requisiten aus dem Besitz des Fotografen. So findet man Bilder, auf denen sich die verschiedenen Dargestellten oft mit gleicher Kleidung bzw. denselben Ausrüstungsgegenständen zeigen. Diese Hemden u. ä. Requisiten stammten dann aus dem Besitz des jeweiligen Foto-Studios und wurden den zu fotografierenden indianischen Personen zur Verfügung gestellt, da diese oft keine traditionelle Kleidung mehr besaßen. Vertreter dieser ersten Grenz-Fotografen waren z. B. David F. Barry (1854–1914) in Bismarck (Dakota Territory) und in West Superior (Wisconsin), Ralph Russel Doubleday (1881–1958) in Miles City (Montana) und in Florida (in den 1930er Jahren), Byton Harmon (1876–1942) in Banff (Alberta/Canada),

Laton Alton Huffman (1854–1931) in Miles City (Montana), Rolland Lutz (1887–1964) in Mandan (North Dakota) und Charles A. Nast (1880–1901) in Denver (Colorado).

Auch fotografische Aufnahmen, die während Expeditionen in den Westen gemacht worden waren, bildeten Vorlagen für Bild-Postkarten. Diese Unternehmen wurden zum Teil im Auftrage der Regierung der Vereinigten Staaten unternommen oder von Institutionen organisiert. Dazu kamen Reisen von Ethnologen oder Abenteurern, die privat finanziert bzw. von Mäzenen unterstützt wurden. Zu fast jeder dieser Expeditionen verpflichteten die Organisatoren ausgebildete Fotografen, welche die zu erwartenden Entdeckungen oder Erlebnisse festhalten sollten.

Im Gegensatz zu jenen in den Studios hatten die an solchen Unternehmen beteiligten Fotografen ein großes Problem, nämlich den Transport ihrer umfangreichen Ausrüstung. Dazu benötigten sie oft mehrere Planwagen. Diese beförderten die riesigen, unhandlichen Platten-Kameras, die kiloschweren Negativ-Glasplatten und dazu alle Arten von Chemikalien und andere benötigte Ausrüstungsgegenstände. Außerdem mussten die belichteten Glasplatten an Ort und Stelle entwickelt werden. Und all das auf den unerschlossenen Wegen durch die Wildnis. Ein weiteres Problem für die Fotografen war es, das Vertrauen der Indianer zu gewinnen, die sie als Modelle ausersehen hatten. Denn diese fürchteten, dass der schwarze Kasten Macht über ihre Seele erlangen könne. Ein großer Fortschritt, der diesen ungeheuren Transport-Aufwand minimierte, war 1888 die Erfindung der Kodak-Box-Kamera. Nun konnte sich der Fotograf freier bewegen und musste nicht mehr auf das Stillhalten seines erwählten Fotomotivs warten.

So nahm der Fotograf T. H. O'Sullivan (1840–1882) an der von der US-Regierung beauftragten sogenannten King-Expedition (von 1867–1879) ins Great Basin teil. Dort sollte eine geeignete Trasse für eine Bahnlinie gefunden werden. O'Sullivan gelangen dabei fotografische Aufnahmen von Shoshone, Paiute und Mohave. Von dort wechselte der Fotograf zur Wheeler-Expedition, die von 1871–1879 den Südwesten nach Bodenschätzen durchforschte und topografische und astronomische Aufzeichnungen anfertigte. Gleichzeitig sammelten die Expeditionsteilnehmer Informationen für die Armee über die Paiute und Apache. O'Sullivan gelangen hier erstmals Aufnahmen von den Resten der Anasazi-Bauwerke (White House Ruins) und eine Reihe von Bildern der Indianer des Südwestens. Auf dem Rückweg griffen Apache-Krieger die Expedition an, wobei zwei oder drei US-Amerikaner ihr Leben ließen, eine größere Geldsumme sowie 700 Stereo-Fotos von O'Sullivan verloren gingen. Die dritte von der Smithsonian Institution durchgeführte staatliche Expedition fand von 1870 bis 1871 unter der Führung von F. V. Hayden (1829–1887) statt. Die Erkundungsreise führte entlang des Oregon-Trails und wurde von dem Fotograf W. H. Jackson (1843–1942) begleitet. Dabei gelangen ihm hervorragende Aufnahmen der Bannock, Omaha, Pawnee, Shoshone und einiger Bewohner des Südwestens. Zudem nahm Jackson Fotos der verschiedenen Pueblo-Dörfer auf. Außerdem brachte er Bilder der Ruinen von Mesa Verde mit zurück. Die letzte von offiziellen Stellen finanzierte Reise unternahm J. W. Powell (1834–1902) im Auftrage der Illinois Wesleyan University in mehreren Etappen zwischen 1869 und 1872. Er fuhr mit seinen Begleitern den Colorado River hinab und untersuchte den Grand Canyon und seine Umgebung. Ursprünglich war E. O. Beaman als Fotograf verpflichtet worden, verließ aber nach Unstimmigkeiten die Expedition und wurde von dem aus Deutschland stammenden J. K. Hillers (1843–1925) ersetzt. Dieser machte Aufnahmen von Ute-Zeremonien, von südwestlichen Völkern sowie von verschiedenen Hopi-Dörfern.

Eine weitere Möglichkeit, an fotografische Vorlagen für Postkarten zu gelangen, waren die von Ethnologen und Anthropologen auf eigene Gefahr veranstalteten Reisen in den Westen. Im Südwesten der USA arbeiteten F. H. Cushing (1857–1900), die Brüder Victor (1869–?) und Cosmos Mindeleff (1863-1938) sowie May Clark. Von den Bewohnern der Nordwestküste brachten J. H. Gabrill, J. G. Swan (1818–1900) und der deutschstämmige F. Boas (1858-1942) Fotografien mit. A. Fletcher (1838–1923) arbeitete bei den Omaha und J. W. Mitchell bei den kalifornischen Seri. Der Ethnologe J. Mooney (1861–1921) fotografierte bei den Cherokee, Caddo, Kiowa und Comanche. Besonders bekannt wurde er durch seine Aufnahmen bei den Dakota, Arapaho und Cheyenne während der Geistertanzbewegung.

Auch Privatleute und Abenteurer unternahmen, teils aus Sensationslust, teils aus echtem Interesse an den indianischen Kulturen, Expeditionen zu den Indianern. Hier sollte der Sohn des bereits erwähnten W. H. Jackson erwähnt werden, ebenso W. B. Harlan und S. Carvalho (1815–1897). R. Glover fotografierte bei den Lakota und wurde dabei 1866 bei Fort Phil Kearney getötet. Bei den Cheyenne, Flathead, bei südwestlichen und Völkern der Großen Seen gelangen R. W. Reed (1864–1934) interessante Aufnahmen, aber berühmt wurde er durch seine Bilder der Blackfoot im Glacier National Park, die in kaum einer Veröffentlichung fehlen. Keinesfalls unerwähnt bleiben darf E. S. Curtis (1868–1952), der durch den Ethnologen G. B. Ginnell (1849–1938), der ihn mit zu einem Sonnentanz der Blackfoot mitnahm, zu einem der bekanntesten Fotografen der Ureinwohner Nordamerikas wurde. Beauftragt durch den Mäzen J. F. Morgan (1837–1913), begann Curtis unzählige fotografische Aufnahmen bei allen erreichbaren Indianer-Völkern Nordamerikas zu machen. An der Nordwestküste führte er ein Filmprojekt ("Im Land der Kriegskanus") durch.

Weiterhin finanzierte der Kaufhausmagnat Rodman Wanamaker (1863–1928) zwischen 1908 und 1917 drei Expeditionen, welche die Überlieferungen der Indianer des Westens sammeln und fotografische und filmische Aufnahmen machen sollten. Auch Wanamaker ging es um die Erlangung von Dokumenten über die seiner Meinung nach bald verschwundenen Ureinwohner. Als Fotograf begleitete J. K. Dixon (1856–1926) die Unternehmungen. Die erste Reise führte zum Little Big Horn, wo die Expeditionsteilnehmer mit den noch lebenden Beteiligten an der bekannten Schlacht gegen George A. Custer (1839–1876) zusammentrafen. Der alte Oglala-Chief Red Cloud fasste seine Eindrücke zu dieser Veranstaltung so zusammen:

"Ich glaube, dieses ist eine große und gute Sache. Vom weißen Mann sind gute Sachen zu uns gekommen … Daß dieser Mann gekommen ist, um diese Bilder zu machen, die in Washington aufbewahrt und in großen Städten gezeigt werden sollen, ist gut für uns, denn die nächsten Generationen werden dadurch etwas über unser Verhalten und unsere Bräuche wissen. Es ist außerdem gut, all diese Häuptlinge zu treffen, die wie Brüder zueinander sind. Wir haben sie nie getroffen, wir werden ihre Gesichter nie mehr sehen, und deswegen glaube ich, daß dieses Treffen der Häuptlinge eine große und gute Sache ist." (Fleming/Luskey 1994, s.104)

1909 fand das zweite Unternehmen statt und man lud zu einen "Großen Indianerrat" an den Little Big Horn ein. Diesem Aufruf folgten Vertreter der Blackfoot, Cayuse, Cheyenne, Comanche, Crow, Dakota, Gros Ventre, Kiowa-Apache und Umatilla. Die Sorge der weißen Männer vor eventuellem Aufflammen alter Rivalitäten erwiesen sich als unbegründet. Vier Jahre später begann die dritte sogenannte Wanamaker-Expedition. Sie führte durch mehrere Reservationen, wobei man deren Bewohnern US-Fahnen überreichte. Dazu spielten die Expeditionsteilnehmer den erstaunten Indianern eine Schallplatte mit einer Rede des seit 1913 im Amt befindlichen US-Präsidenten Woodrow Wilson (1858–1924) vor. Von diesen drei Unternehmungen brachte man etwa 11.000 Fotografien mit. J. K. Dixon gab 1914 als Ergebnis der Expeditionen das Buch "The Vanishing Race" heraus. Darin enthalten sind eine Auswahl seiner Fotografien und Erzählungen von Vertretern verschiedener Völker der Ureinwohner.

Die Vereinigten Staaten stellten ihre bemerkenswerten wirtschaftlichen Errungenschaften und die Geschichte ihres Landes stolz auf der "Trans-Mississippi & International Exposition and Indian Congress 1898" in Omaha (Nebraska) zur Schau. Aus allen Landesteilen strömten 2,5 Millionen Besucher zu dieser Ausstellung. Das vor Ort ansässige Fotostudio von F. A. Rinehart (1861–1921) nutzte die Gelegenheit, um von vielen der aus diesem Anlass auf dem Ausstellungsgelände anwesenden Indianer Fotografien von hervorragender Qualität anzufertigen. Besonders Rineharts talentierter Mitarbeiter A. F. Muhr (1858–1914) hatte einen großen Anteil an den beeindruckenden Porträtaufnahmen. Da die Indianerkriege noch nicht lange zurücklagen, erfreuten sich Bilder von Teilnehmern an den letzten Kämpfen großen Interesses.

Im US-Staat New York fand 1901 in der Stadt Buffalo die "Pan-American Exposition" statt. Das hier tätige Studio von W. H. Rau (1855–1920) übernahm die Fotoarbeiten für diese Schau. 1904 führten die Vereinigten Staaten in St. Louis (Missouri) die "Louisiana Purchase and Worlds' Fair" durch. Hier wurden die anwesenden Indianer von den Mitarbeitern des Studios der Schwestern Mamie und Emma Gerhard abgelichtet. Nicht unerwähnt bleiben soll die "Jamestown Exposition 1607–1907", während der zwar keine Fotos von Ureinwohnern entstanden, aber eine Postkarten-Serie entstand. Diese zeigte sehr phantasievoll gezeichnete Szenen aus der Frühzeit der Kolonie Virginia. Herausgegeben wurde die Serie durch die Jamestown Amusement & Vending Co. aus Norfolk, Virginia.

Beim Betrachten der Postkarten sollten noch einige Fakten beachtet werden. Nicht immer sind die Bezeichnungen der dargestellten Szenen bzw. Personen korrekt. Das kann zum einen auf mangelhafte Aufzeichnungen des Fotografen des Originalbildes liegen, aber auch an fehlenden Englischkenntnissen der Hersteller in Deutschland. Außerdem wurden die Aufnahmen oft von den Fotografen (E. S. Curtis) retuschiert, um auf diese Weise moderne Alltagsgegenstände verschwinden zu lassen, die nach ihrer Meinung die "Authentizität" der Bilder störten. Und endlich ist größte Vorsicht geboten, was die

Farbgebung der Motive betrifft. Die Farbfotografie war noch nicht erfunden und die Kolorierung der Karten war der jeweiligen Druckerei überlassen und kann nur als willkürlich bezeichnet werden. Die Drucker in den Großstädten der USA und erst recht die in Deutschland hatten wohl kaum einen Indianer je zu Gesicht bekommen und so kann man die Farbgebung der Kleidung bzw. der Ausstattungsgegenstände nicht als authentisch betrachten.

Für all diese Enthusiasten, die fotografische Aufnahmen von den Ureinwohnern Nordamerikas anfertigen wollten bedeutete dieses Unterfangen einen enormen Aufwand und hohe Kosten. Darum verkauften viele der Fotografen ihre Negative an Händler und Verlage, die von diesen Vorlagen Postkarten (zum Teil in Deutschland) herstellen ließen. Auf diese Weise konnten die Fotografen wenigsten Teile ihrer Kosten decken. So findet man Motive aus allen Lebensbereichen der Ureinwohner, von den Wohnverhältnissen über den Nahrungserwerb, dem Zusammenleben, von Ritualen und Tänzen bis hin zu einzigartigen und beeindruckenden Porträts. Karten zu historischen Ereignissen aus der Zeit vor der Fotografie sind meist Wiedergaben von Gemälden (oft historisch ungenau und phantasievoll), die in Museen oder in Ausstellungen zu finden sind. Nicht zu vergessen sind Postkarten mit rassistischen oder sexistischen Darstellungen sowie lächerlichem Kitsch.

Die nach Vorlagen der von den Pionieren der amerikanischen Fotografie veröffentlichten Karten sind zum Teil einzigartige Dokumente zu den Lebensverhältnissen der Indianer, deren Wert lange Zeit von der Wissenschaft unterschätzt wurde. Das hat sich seit geraumer Zeit geändert und die Postkarte hat ihren Platz als Beleg für einen Blick in vergangene Zeiten gefunden.

Die technischen Voraussetzungen

Die Geschichte der Postkarte ist als eine interessante, wenn auch sehr kleine Episode im Rahmen der Industriellen Revolution zu sehen, die besonders im 19. Jahrhundert in Westeuropa (England!) und den USA und im späten 19.Jahrhundert in weiteren europäischen Ländern und Teilen Asiens (Japan!) umfassende Veränderungen der sozialen und der Arbeitsverhältnisse brachte. Aus Agrarstaaten wurden Industrieländer. Neben den nicht zu übersehenden negativen Auswirkungen sorgten neue Erfindungen und technischer Fortschritt für neue Möglichkeiten auf fast allen Gebieten.

Seit Johannes Gutenberg (um 1400–1468) den Buchdruck mit beweglichen Lettern und die Druckerpresse entwickelt hatte, waren auf diesem Gebiet nur wenige Neuerungen entstanden. Das Verfahren des Hochdrucks war lange Zeit die einzige Möglichkeit, Texte oder Abbildungen zu vervielfältigen. Um Abbildungen in Büchern oder Zeitungen wiederzugeben konnte man auf Kupferstiche, Holzschnitte oder Holzstiche zurückgreifen. Diese Hoch- bzw. Tiefdruck-Techniken verwendete man auch zur Herstellung von Postkarten. Um die Illustrationen farbig zu gestalten, mussten sie mühevoll einzeln per Hand koloriert werden. Schließlich erfand A. Senefelder (1771–1834) 1798 die Lithographie als zunächst einfarbiges Flachdruckverfahren und es war möglich geworden Abbildungen in größerer Auflage herzustellen. 1895 gelang dann die Entwicklung eines ersten

Farbdruckverfahrens, der Chromolithographie. Dabei wurden mehrere Kalksteinplatten mit dem gleichen Motiv, nur mit jeweils einer anderen Farbe, übereinander gedruckt. Auf diese Weise entstanden mehrfarbige Bilder. Im 19. Jahrhundert war es das am häufigsten verwendeten Verfahren zur Wiedergabe von Mehrfarbbildern. Bis in die 1930er Jahre weit verbreitet, lösten es dann andere weniger aufwändige Techniken ab. Bis heute wird die Lithographie aber noch von bildenden Künstlern verwendet. Ab 1905 gab es dann als preiswertere Drucktechnik den Offsetdruck und schon um 1900 wurden auch die ersten Echtfoto-Postkarten angeboten.

Eine weitere technische Neuentwicklung war die Fotografie. Um eine detailtreue Wiedergabe zum Beispiel eines Bauwerkes zu erreichen, benutzten die Künstler die *camera obscura* (Canaletto). 1826 konnte der Franzose J. N. Niépce (1765–1833) erstmal ein Bild seiner camera obscura mittels einer lichtempfindlichen Schicht auf einer Metallplatte fixieren. L. M. Daguerre (1787–1851) erreichte mit einer jodbedampften Kupferplatte 1839 das einmalige Festhalten eines Bildes. Nach ihm benannte man dieses Verfahren "Daguerrotypie". Im September desselben Jahres gelang es, ein solches Bild erstmals zu drucken. F. S. Archer (1813–1857) entwickelte mit dem Glasplatten-Negativ die Möglichkeit, auf einem 1850 erfundenem Fotopapier namens Albumin Abbildungen beliebig oft zu vervielfältigen. Erstaunlicherweise entstanden nun zuerst sogenannte Stereotypien, zwei auf Pappe geklebte Fotografien, die entsprechend des Augenabstandes aufgenommen worden waren. Durch spezielle Geräte (Stereoskope) betrachtet entstand beim Betrachter die Illusion der Räumlichkeit. Firmen wie Underwood & Underwood (Keystone) boten ganze Serien dieser Stereotypien mit verschiedenen Themen an. Schon bald kamen die ersten dieser Bilder in gedruckter Form und nicht mehr als Original-Fotos auf den Markt. Mitte der 1860er Jahre verbreitete sich von England aus die Mode, insbesondere Porträts bzw. Familienaufnahmen als sogenannte *carte de visite* anfertigen zu lassen, wobei die Fotos auf einen Pappuntergrund mit dem aufgedruckten bzw. eingeprägten Hinweis auf den Hersteller montiert wurden. Mit dem Aufkommen der Postkarte verschwand diese Mode nach und nach.

Das Problem war, dass sich Fotografien nicht in annehmbarer Qualität drucken ließen, da die Wiedergabe von Grautönen nicht gelang. Aber 1881 gelang es G. Meisenbach (1841–1912), Fotos in Rasterpunkte zu zerlegen, wodurch das Problem mit den Grautönen gelöst war und der Druck in Büchern, Zeitungen usw. (bis dahin Holzstiche) möglich wurde. Der Weg war bereitet für die Verbreitung der Ansichtskarte.

Die Entstehung und der Siegeszug der Ansichtskarte

Eine Postkarte ist ein "offenes", also weder versiegeltes noch in einem Umschlag verschicktes Kommunikationsmittel. Der Wunsch, illustrierte Karten mit Glückwünschen zu versenden geht wohl bis ins 15.Jahrhundert zurück. Aus Frankreich ist bekannt, dass dort im 18. Jahrhundert und wahrscheinlich bis in die erste Hälfte des 19. Jahrhunderts, oft mit Gravuren verzierte offen lesbare Karten verwendet wurden. Diese Sitte war wohl nicht weit verbreitet und es sind keine Belege erhalten geblieben. Der technische Fortschritt des 19. Jahrhunderts auf dem Gebiet des Druckereiwesens, die Erfindung und die

Weiterentwicklung der Fotografie sowie die Modernisierung des Postwesens (die Einführung der Briefmarke) beförderten die Voraussetzungen für den Siegeszug der Postkarte, die das Kommunikationsbedürfnis der Menschen unterstützte. Die erste noch handgefertigte, mit einer Briefmarke versehene Karte verschickte wahrscheinlich ein Engländer im Jahr 1840. 1869 ließ Österreich offiziell die Postkarte zur Postbeförderung zu. Diesem Beispiel schloss sich ein Jahr später Deutschland an. Und viele andere Länder folgten. Der Internationale Postkongress von 1885 in Lissabon beschloss die grenzüberschreitende Zulassung der Postkarte. Das Vereinigte Königreich trat diesem Abkommen 1894 bei und 1898 dann auch die Vereinigten Staaten. Das Goldene Zeitalter der Postkarte (1897 bis 1918) hatte begonnen und wurde zum Massenphänomen. Schon 1883 weist die Bilanz des Briefpostvereins beeindruckende Zahlen versendeter Postkarten aus, und zwar für Europa 597,5 Millionen, für Asien 80,0 Millionen, für Afrika 0,3 Millionen, für Amerika 398,0 Millionen und für Australien 1,2 Millionen. Denn nun war es möglich auf preiswerte Art und Weise Nachrichten rund um die Welt zu versenden. Telefone gab es noch kaum und Telegramme zu verschicken konnten sich nur die Wenigsten leisten. Selbst die namhaften Persönlichkeiten dieser Zeit konnten sich der Faszination der Ansichtskarten nicht entziehen. So dichtete Ferdinand Freiligrath:

"Die Karte schick' ich heute, / Diese farbenbunt geschmückte; / Bringt euch ungeahnte Freude, / Einen Gruß, der Euch beglückte." (Schillers Jahrbuch, S. 87)

Zuerst trugen die Ansichtskarten ein Bildmotiv, dass die Vorderseite mehr oder weniger einnahm. Die Rückseite war für die Adresse und die Frankatur vorbehalten. Das hatte zur Folge, dass die Absender kurze Nachrichten auf der Bildseite auf die weißen Ränder oder in das wiedergegebene Motiv schrieben. Ab 1902 begannen dann die Produzenten, die Kartenrückseiten zweizuteilen, wie wir es heute kennen. Damit wurde die linke Hälfte frei für kurze Mitteilungen und die Ansichtskarte noch attraktiver für Reisende und Auswanderer, für Geschäftsleute und später für den sich immer weiter ausbreitenden Tourismus. Es waren von Anfang an die verschiedensten Motive auf den Karten zu finden: Städteansichten, Landschaften, Gemäldewiedergaben, geschichtliche Ereignisse oder aktuelle Situationen (Feldpostkarten im Ersten Weltkrieg), Bilder aus den Kolonien, bekannte Persönlichkeiten (die gekrönten Häupter), Werbung, Glückwunsche aller Art usw.

"Die Blütezeit der Ansichtskarten fiel mit dem Höhepunkt exotischer Verlockungen zusammen. In der Ära des europäischen Kolonialismus wurden sie in großen Mengen verschickt, in den Jahrzehnten vor dem ersten Weltkrieg, als Großbritannien, Frankreich und Deutschland die Hälfte der Welt beherrschten." (Beukers, S. 12)

Man konnte den Daheimgebliebenen zeigen, wo man war und sicherlich auch ein wenig angeben und das Ego befriedigen (heute erledigt man das mit einem Selfie).

"Die Absendung der Karten per Post von Ort und Stelle an die eigene Adresse, geben sogar Bürgschaft, daß dieselben wirklich den Absendeort gesehen haben, und gewinnen dadurch noch einen besonderen sportlichen Werth." (Schillers Jahrbuch 1900, S. 40)

Kurz nach Einführung der Karte begann die Sammelleidenschaft (Philokartie genannt). Erste Sammlerzeitschriften erschienen, so "Der Postkartensammler" ab 1896 in Leipzig oder die "Monatsschrift für Ansichtskarten-Sammler" 1895 in Göggingen bei

Augsburg im Verlag Alfred Mello. Sammlervereine entstanden, wie der "Sammlerverein für illustrierte Postkarten zu Hamburg" Mai 1894. Ein internationaler Sammlerverein war "Cosmopolit" und hatte 1897 3.000 Mitglieder in aller Welt. Die Zahl stieg bis 1912 auf über 11.000. Die Wirtschaft reagierte schnell und Verlage brachten oft aufwändig gestaltete Sammelalben auf den Markt. 1901 waren es allein in Leipzig 10 Fabriken, die sich damit befassten. Als Beispiele sollen hier die Firmen Alfred Schlaitz Album Fabrik und Lei Bag Leipziger Buchbinderei AG genannt werden. Der Handel wurde aufmerksam, sah Absatzmöglichkeiten und offerierte Angebote an Sammler von Postkarten aus aller Welt. In "Schillers Jahrbuch für Postkartensammler" aus Jahr 1900 annoncierte der Händler Alfred Metzner aus Nordhausen ein Angebot von 100 verschiedenen Karten aus Übersee für 5 Reichsmark.

In kurzer Zeit musste sich die Post auf Unmengen von Karten einstellen. 200 Millionen waren es 1900, bis 1910 stieg die Zahl auf 1.700 Millionen. In den USA waren es 1908 über 700 Millionen und im Hafen von New York brachte jeder Postdampfer aus Europa etwa 50.000 bis 60.000 Karten mit. Dazu musste die Post reagieren und in den entwickelten Ländern bis zum Ersten Weltkrieg die Post mindestens dreimal täglich zustellen, in Großstädten sogar noch öfter. In Mitgliedsländern des Weltpostvereins waren 1904 etwa 4,6 Milliarden Postkarten im Umlauf. Beeindruckend dabei ist die Laufzeit der Post von Übersee nach Europa und umgekehrt. Drei Beispiele aus der hier vorgestellten Kartensammlung sollen dieses belegen. So benötigte eine Karte aus dem Jahre 1900 von Milwaukee nach Leipzig 14 Tage. Nur 9 Tage war 1904 eine Karte von New York nach Oldenburg unterwegs und von Vancouver nach Hamburg brauchte eine weitere 1904 12 Tage. Allzu große Unterschiede zu den heutigen Beförderungszeiten (trotz Luftpost) gibt es also kaum.

Leipzig – ein Standort der internationalen Postkartenindustrie

"Um die Jahrhundertwende war Deutschland zur Heimat der neuen Postkartenindustrie geworden und hatte aufgrund der unübertroffenen Druckqualität und der vielen Novitäten bis zum Ersten Weltkrieg eine international führende Rolle." (Lebeck/Kaufmann, S. 416)

Die bevorzugte Chromolithographie wurde immer weiter verfeinert und vervollkommnet, so dass schließlich bis zu 16 (!!!) verschiedene Farben übereinander gedruckt werden konnten. Die Chromolithographie war trotz Neuerfindungen (Rasterung, Autochrom-Druck, Offset-Druck) bis 1918 die wichtigste Herstellungsart. Ununterbrochen forschte man an weiteren Neuerungen. In Deutschland arbeiteten etwa 33.000 Menschen in der Postkartenindustrie, hauptsächlich Frauen. Produktionszentren waren Berlin, Dresden, Leipzig, Frankfurt a. M., Nürnberg, Stuttgart und München. 1897 gab es in Leipzig etwa 150 Druckereien mit zirka 6.000 Beschäftigten. Davon waren 1904 in Leipzig 27 Firmen (von 280 in Deutschland) auf die Chromolithographie spezialisiert. 1899 wurden hierzulande wöchentlich 10 Millionen Karten, d. h. eine halbe Milliarde im Jahr, hergestellt. Bis 1907 stiegen die Produktionszahlen auf 1,8 Milliarden Stück, davon

500 Millionen für das Ausland. Größter Abnehmer waren die USA mit 125 Millionen. Diese Exportzahlen begründeten sich damit, dass zu dieser Zeit Deutschland ein Billig-Land war.

Als wichtige Exporteure sollen hier die Leipziger Firmen Dr. Trenckler & Co., Trinks & Co., Lithographische Kunstanstalt, Druckerei und Verlags-Anstalt Louis Glaser und die Lithographische Kunst-Anstalt Carl Garte stellvertretend genannt werden. Über das Unternehmen Trenckler & Co. ist überliefert:

"Es gibt hier wohl kaum einen Punkt der Welt, soweit der Verkehr ihn bestreicht, der nicht in diesem Sortiment vertreten wäre, und man kann, indem man das Lager durchwandert, mühelos eine recht interessante und umfassende Weltreise machen. Wenn oben von der Vorliebe des Deutschen für die Ansichtskarte die Rede war, so kann man sich hier davon überzeugen, daß heute die bunte Karte längst Gemeingut aller Nationen geworden ist, denn friedlich liegt neben der Ansicht deutscher Städte ein Bild von Yokohama, von Paris, London oder einem Orte des südlichen Amerika: ein Beweis, daß überall Ansichtskarten verlangt und geschrieben werden." (Böhme/Clemens, S. 51)

Die USA lagen zum Anfang des 20. Jahrhunderts drucktechnisch weit zurück. Es gab meist nur kleine Firmen auf diesem Gebiet, die sich nicht in der Lage sahen, die immer weiter ansteigende Nachfrage nach Postkarten zu bedienen. Die Exporte in die Vereinigten Staaten erreichten ungeheure Ausmaße. 1907 produzierten und versandten deutsche Hersteller 32.792 Tonnen Postkarten in die USA, 1908 25.902 Tonnen und 1909 27.760 Tonnen. Die Entwicklung der Postkarten-Industrie in den USA stand aber nicht still. Man kaufte deutsche Druckmaschinen, baute sie nach und nahm Verbesserungen an ihnen vor. Die Hersteller in den USA waren oft deutscher Abstammung, wie die Namen der Firmeneigner zeigten, z. B. M. Rieder, Franz Huld und E. C. Kropp. Die großen Importmengen an Postkarten riefen 1906 die US-Zollbehörde auf den Plan. Sie erhob erste Schutzzölle, dann folgte im August 1909 ein neues verschärftes Zollgesetz, was die Verdoppelung des Zolls auf Ansichtskarten bedeutete. So sollten die einheimischen Produzenten vor der ausländischen Konkurrenz geschützt werden.

Ausstellungen wie die internationale Exposition illustrierter Postkarten am 1. Mai 1898 im alten Grassi-Museum in Leipzig zeigten die Leistungsfähigkeit der hiesigen Hersteller. Aus diesem Anlass wurde besonders hervorgehoben

"Eine hübsche Kollektion Amerikakarten hat The International News Company in Leipzig ausgestellt." (Schmidt, S. 29)

Die Druckindustrie nahm an der jedes Jahr im Frühjahr und Herbst stattfindenden Papiermesse in der Leipziger Petersstraße teil wo sich Interessenten aus aller Welt von den Möglichkeiten der deutschen Druckindustrie ein Bild machen konnten. Außerdem konnten die Produzenten mit internationalen Preisen, die ihnen während Ausstellungen in aller Welt verliehen wurden und eine gute Werbung waren, ihr Ansehen erhöhen. Als Beispiel sei die Firma Julius Klinkhardt genannt, die 1883 auf der internationalen Kolonial- und Kunstausstellung in Amsterdam eine Goldmedaille, auf der Internationalen Kunstausstellung 1889 in Melbourne ein Ehrendiplom und zur Weltausstellung 1893 in Chicago eine Bronzemedaille bekam. Zur Weltausstellung 1904 in St. Louis waren aus

Deutschland die Lithographische Anstalt Emil Pinkau, Sinsel & Co., Meißner und Buch und Aristophot (alle aus Leipzig und Umgebung) vertreten. So wurden amerikanische Verleger inspiriert, Postkarten in Deutschland drucken zu lassen. Es wandten sich Verlage und Händler an Hersteller in Deutschland, wo entsprechende Auflagenmengen ohne Probleme realisiert werden konnten.

"… wenn irgendwo ein bedeutendes Verlagsunternehmen oder eine hervorragende Druckarbeit geplant wird, kommt bei der technischen Herstellung Leipzig noch immer in erster Linie in Frage" (Böhme/Clemens, S. 18)

Leipzig hatte inzwischen für das internationale Druck- und Verlagswesen einen solch guten Ruf, dass eine Reihe US-amerikanische Firmen sehr gern in ihrem Herstellernamen diese Stadt nannten. Beispiele waren die Illustrated Post Card Co. New York and Leipzig; The Puget Sund News Comp. Seattle-Leipzig-Berlin; The South-West News Company Kansas City (Dresden-Leipzig-Berlin); Litho Chrome Leipzig-Berlin-Dresden; M. G. Callahan Co. Indiana and Leipzig; Adolph Selige Publ. – St. Louis and Leipzig. Auf unzähligen Karten aus der Zeit vor dem Ersten Weltkrieg findet man Vermerke wie Made in Germany, Printed in Germany oder einfach nur Germany oder sogar Printed in Saxony.

Zur zeitlichen Einordnung:

Das Erscheinungsbild der alten Postkarten erlaubt in vielen Fällen auch dann eine grobe Datierung des Zeitpunkts ihrer Herstellung, wenn – wie in vielen Fällen – keine Jahreszahl aufgedruckt ist oder die Karten noch druckfrisch sind.

Unspezifische Merkmale wiesen die ganz alten Karten auf, da bis 1898 die Postkarten keiner einheitlichen Normung unterlagen. In der sogenannten Pionier- oder Anfangszeit gab es keine vorgegebenen Maße und so waren die Karten oft größer als die heutigen. Auf der Vorderseite befand sich ein Bild, auf der Rückseite durfte nur die Anschrift des Empfängers stehen.

Die Rückseiten waren zunächst ungeteilt und eine gesetzliche Regelung vom 19. Mai 1898 legte fest, dass auf der Rückseite die Bezeichnung "Private Mailing Card" aufgedruckt werden musste.

Nur auf die vorderen Ränder schreiben zu können, war sicherlich als Einschränkung empfunden worden und in Europa setzte sich kurz nach 1900 eine Teilung der Rückseite mit einem senkrechten Trennstrich durch, so dass man auf die linke Rückseite eine Nachricht für den Empfänger schreiben konnte. Der Versuch, diese Karten nur für den Inlandsverkehr zuzulassen, scheiterte bald und ab dem 1. März 1907 erlaubten auch die USA die Teilung der Rückseiten der Postkarten

Ein für die Datierung hilfreiches Merkmal sind auch weiße Kartenränder: Zwar kamen schon seit 1905 die ersten Postkarten mit weißen Rändern in Umlauf, aber ab 1915 setzte sich diese Art dann allgemein durch. Damit konnten die Herstellungskosten durch die Einsparung der Druckfarben (bis zu 20%) gesenkt werden. 1930 gilt als Ende der sogenannten "white border era", aber manchmal findet man dieses gestalterische Element bis heute.

Ab etwa 1930 bis circa 1950 kam es in Mode, eine gewebeähnliche Struktur in die Oberfläche der Postkarten zu prägen. Neue Drucktechniken machten das möglich. In den USA war die Firma Curt Teich führend auf diesem Gebiet.

Auf einen Herstellungszeitrum vor dem Ersten Weltkrieg verweisen bei US-amerikanischen Postkarten Aufdrucke wie "Made in Germany", "Printed in Germany", "Made in Saxony" oder nur "Germany". Kurz nach Ausbruch des Krieges brach der Überseehandel mit Postkarten zusammen und erholte sich auch nicht wieder.

Eine besondere Gruppe bilden die Echtfoto-Postkarten, die seit etwa 1900 auf den Markt kamen. Ihre Rückseiten wurden fast nie mit einem aufgedruckten Strich geteilt. Viele dieser Karten trugen im vorgedruckten Feld für die Briefmarke auf der Rückseite aber Buchstabenkombinationen, die auf den Hersteller des Fotopapiers hinweisen. Diese Herstellerzeichen (z. B. Kodak, AZO, EKC, DOPS und EKKP) befanden sich jeweils in den vier Ecken des für das Aufkleben der Briefmarke vorgesehenen Rechtecks. Anhand der Stellung der Buchstaben für das Fotopapier können manchmal Rückschlüsse auf die Herstellungszeit des Papiers gezogen werden.

Es gibt noch weitere Anhaltspunkte, aus denen man auf die Produktionszeit der Postkarten schließen kann, so die Schriftart, die Drucktechnik und die Gestaltung des Feldes für die Briefmarke. Einfach ist es, wenn der Absender seine Nachricht datiert hat oder der Poststempel ein eindeutiges Versanddatum trägt. Auf die zur Freimachung der Karte verwendeten Briefmarke kann man sich zur Datierung nicht verlassen, da diese oft über viele Jahre hinweg ihre Gültigkeit behielten.

01 Wohnen

Wohnen im "Tipi"

Die wohl bekannteste und von Klischees behaftete Wohnform der nordamerikanischen Indianer ist das Tipi. In den letzten Jahren des 19. und den ersten Jahren des 20. Jahrhunderts, die Zeit aus der die hier abgebildeten Postkarten stammen, hatte das Tipi weit über das ursprüngliche Verbreitungsgebiet der Prärien und Plains Verwendung gefunden. Denn durch die von amerikanischen Händlern ins Land gebrachte leichte und feste Leinwand war es nun möglich, große Exemplare herzustellen und auch der Transport und die Handhabung war einfacher.

Ursprünglich wurde das Tipi in den Plains und den angrenzenden Prärien verwendet und aus bis zu 14 dünn geschabten Bisonhäuten hergestellt. Drei bis vier Holzstangen (meist Fichte) dienten als Grundgerüst für bis zu 14 aufgelegte weitere Stangen, die kreisförmig aufgestellt, die Auflage für die Tipi-Plane bildeten. So entstand ein konisches Zelt, welches rund um den Stangenkranz oben eine Rauchöffnung hatte, die mit angenähten Rauchklappen verschlossen werden konnte. Das Gewicht der alten Bisonbedeckungen sorgte dafür, dass die Zelte in den alten Zeiten geringe Ausmaße hatten und nur einer Familie Unterkunft boten. Von diesen frühen Zelten sind kaum welche erhalten geblieben. Wie schon erwähnt, konnten durch die Verwendung von Leinenstoff die Tipis dann in ganz anderen Ausmaßen hergestellt werden. Oft verzierten die Besitzer dieser Zelte deren Äußeres mit Bemalungen oder aufgenähten Ornamenten. Im Inneren befanden sich rund um die Feuerstelle die Schlafplätze der Bewohner und der Hausrat in Rohhautbehältern und Ledertaschen. Hier spielte sich das gesamte Familienleben ab.

(Abbildung 1, oben)

Tipis der Blackfoot. Der französische Aufdruck auf der Rückseite dieser von einem Missionswerk publizierten Karte besagt, dass die Indianer in diesen Zelten geboren werden, sich von der Jagd ausruhen, ihre Gebete verrichten und ihre Seelen Gott übergeben.

[Aufdruck hinten: Missions des Oblats de Marie Immaculée, Editions Apostoliques | in Lyon hergestellte Postkarte | geteilte Rückseite | hergestellt vermutlich um 1910 | nicht postalisch gelaufen]

(Abbildung 2, unten)

Kanadische Briefmarke (1989) mit einem Tipi, das anlässlich des Sonnentanzes das Blackfoot im Jahr 1887 aufgestellt worden war. W. Hanson Boorne (1859–1945), rechts im Bild, hat die Szene fotografiert.

[Briefmarken-Katalog-Angabe: Canada 1989 Michel # 1135]

(Abbildung 3, oben)

Dass es sich hier um eines oder mehrere "Medizin"-Tipis handelt, wie die Aufschrift suggeriert, mag nicht ganz zutreffen. Das Foto findet sich auch in den Glenbow Archives (NA-919-37). Dort wird ausgeführt, dass viele Tipis der Blackfoot mit Motiven bemalt waren, die den Bewohnern im Traum erschienen waren und den Familien Glück bringen sollen.

[Aufdruck vorn: "Medicine Lodges, Blackfoot Indians" | Aufdruck hinten: Private Post Card | Made in Germany | geteilte Rückseite | hergestellt vermutlich um 1910 | nicht postalisch gelaufen | Eine nicht kolorierte Postkarte mit dem gleichen Fotomotiv datiert ein Copyright-Vermerk in das Jahr 1907.]

———————

(Abbildung 4, unten)

Frauen der Ponca arbeiten an der Zeltbedeckung eines Tipis. Die "Miller Brothers 101 Ranch Wild West Show" tourte zwischen 1907 und 1931 zunächst durch die USA, dann auch in andere Länder bis nach Europa.

[Aufdruck vorn: "Ponca Indian Squaws Building a Tee-Pee. 101 Ranch. Oklahoma" | Aufdruck hinten: Post Card | Made in Germany | geteilte Rückseite | hergestellt vermutlich um 1910 | postalisch ungelaufen]

Medicine Lodges, Blackfoot Indians.

Ponca Indian Squaws Building a Tee-Pee. 101 Ranch. OKLAHOMA.

(Abbildung 5, oben)

Lager der Cheyenne bei Fort Reno, Oklahoma.

[Aufdruck vorn: "Cheyenne Indian Camp near Fort Reno, O. T." | Aufdruck hinten: Post Card | ungeteilte Rückseite | hergestellt um 1905 | nicht postalisch gelaufen]

(Abbildung 6, unten)

Zeltdorf der Arapaho in Wyoming

[Aufdruck vorn: "Arapaho Village, Lander, Wyo."; Copyrightvermerk 1907 | Aufdruck hinten: Post Card | Made in Germany | geteilte Rückseite | nicht postalisch gelaufen, aber mit dem handschriftlichen Vermerk in englischer Sprache versehen, so würden die Indianer gegenwärtig leben und der Schreiber oder die Schreiberin habe im westlichen Wyoming verschiedene solcher Dörfer gesehen]

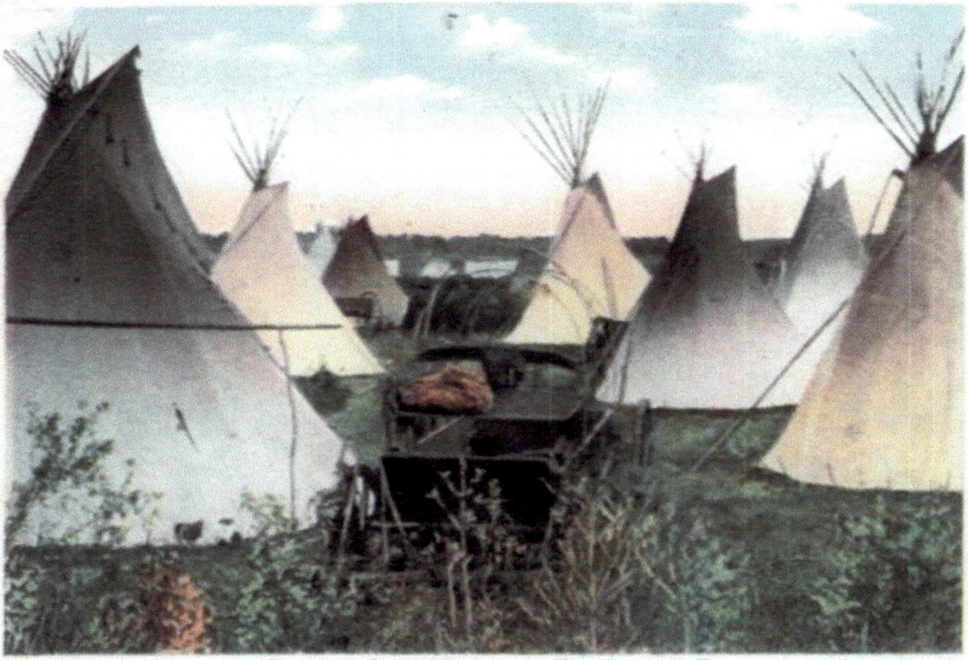

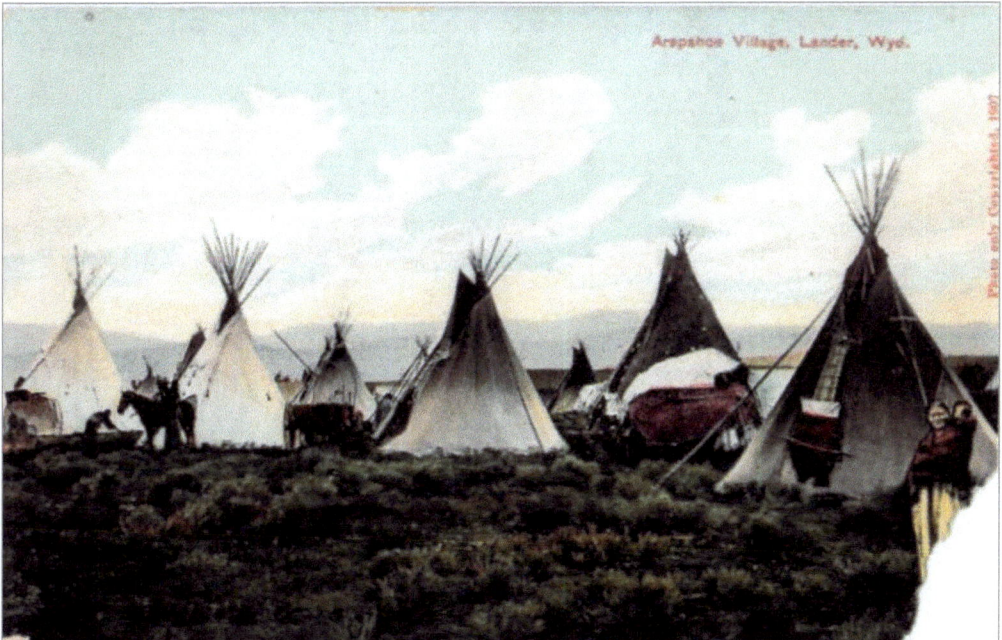

Cheyenne Indian Camp near Fort Reno, O. T

Arapahoe Village, Lander, Wyo.
Photo only Copyrighted, 1907

(Abbildung 7, oben)

Sommerlager der Crow

[Aufdruck vorn: "Crow Indian Summer Camp" | Aufdruck hinten: Post Card | Printed in Germany for Coffeen's Indian Rooms, Sheridan, Wyoming | geteilte Rückseite | nicht postalisch gelaufen]

(Abbildung 8, unten links)

Tipi der Cheyenne

[Aufdruck vorn: "Cheyenne Indian Teepee" | Aufdruck hinten: Post Card | Made in Germany | publiziert von C. S. Trading Co., Sheridan | nicht postalisch gelaufen]

(Abbildung 9, unten rechts)

Mit der Aufschrift "The Two Sunsets" wird hier sowohl auf den täglichen Sonnenuntergang als auch den Untergang der traditionellen Lebensweise der Indianer angespielt.

[Aufdruck vorn: "Wanamakers Historical Expedition, Mo. I; The Two Sunsets; Copyright 1909, John Wanamaker" | Aufdruck hinten: Indian Mailing Card, Wanamaker – Originator | geteilte Rückseite | nicht postalisch gelaufen | Auf der Rückseite ist neben dem Feld für die Anschrift kein Platz mehr für eine persönliche Notiz, weil dort eine allgemein gehaltene Information über die Wanamaker Expedition aufgedruckt wurde.]

Crow Indian Summer Camp

CHEYENNE INDIAN TEPEE.

WANAMAKER HISTORICAL EXPEDITION. No. 1.

The Two Sunsets

(Abbildung 10, oben)

Die Flathead bewohnten zwar das sogenannte Plateaugebiet, aber die gelegentliche Bisonjagd war auch für sie attraktiv, so dass sie manche Merkmale der Plainsbewohner, z. B. das Wohnen in Tipis, übernahmen.

[Aufdruck vorn: "Flathead Brave and his Castles, Missoula, Mont." | Aufdruck hinten: Post Card | Made in Germany (kein Publizist genannt) | geteilte Rückseite | 1907 innerhalb der USA von Montana nach Illinois postalisch gelaufen | Die Beschriftung der Karte bezieht sich auf eine nicht näher bestimmbare persönliche Angelegenheit.]

———————————

(Abbildung 11, unten)

Auch die Kutenai waren Plateaubewohner, aber die enge Nachbarschaft zu den Blackfoot hatte zur Folge, dass auch ihnen die Tipis nicht unbekannt waren

[Aufdruck vorn: "Kootenai Indian Encampment near Kalispel, Montana" | Aufdruck hinten: Post Card | keine Angaben zum Hersteller oder Herausgeber der Postkarte | geteilte Rückseite | Poststempel undeutlich, aber vor 1910 | Innerhalb der USA postalisch gelaufen. Eine Mrs. Mary Nauman (?) sendet ihrem Vater William Sheldon (?) aus Montana nach New York in englischer Sprache "Liebe und beste Wünsche".]

Flathead Brave and his Castles, MISSOULA, Mont.

Kootenai Indian Encampment near Kalispell, Montana

Wohnen im Erd- bzw. Grashaus

Einige Völker der Plains und Prärie, insbesondere jene, die etwas Landwirtschaft betrieben, lebten saisonweise in Erdhäusern. Diese bestanden im Inneren aus vier starken Holzpfosten, die mit Querbalken verbunden waren. Zahlreiche kleinere Pfosten bildeten die äußeren Wände. Von dort liefen dünnere Balken auf das Zentralgerüst zu. So entstand eine Art Gewölbe, das die Erbauer mit Weidenzweigen, Erde und Grassoden bedeckten. Ein Eingangstunnel lief schräg abwärts in den Innenraum und war ebenfalls aus Balken hergestellt und mit Erde bedeckt. In der Mitte des Erdhauses blieb eine große Öffnung als Rauchabzug, der bei Regen abgedeckt werden konnte. Solch ein Bauwerk hatte meist einen Durchmesser von etwa 15 Metern, aber es gab auch größere, die als Versammlungshäuser dienten. Die Dörfer bestanden aus bis zu 60 Häusern, die um einen Platz gruppiert waren, auf welchem Zeremonien abgehalten werden konnten. Die Siedlungen lagen an für den Verteidigungsfall günstigen Orten wie an Steilufern über Flussläufen und waren mitunter von Palisaden und Gräben umgeben. Für die Jagdsaison benutzten die Bewohner der Erdhäuser aber die schon erwähnten Tipis in kleiner Ausführung.

Am südlichen Rand der Plains und Prärien entwickelten die Indianer eine weitere Wohnform, das Grashaus. Es hatte einen kreisförmigen Grundriss, wo biegsame Holzstämme von Laubbäumen in den Boden gerammt, oben mittig zusammengeführt und verbunden wurden. Dieses Grundgerüst verbanden die Erbauer mit waagerechten weiteren biegsamen Ästen. Dieses Gestell hielt dann eine Bedeckung aus dicken, fest verbundenen Grasbündeln (auch Schilf), die einander überlappend wie Dachziegel angebracht waren. Diese fast völlig wasserdichten Grashäuser konnten einen Durchmesser bis zu 15 Metern erreichen. Im Inneren hingen entlang der Wände oft Bisonhäute und lagen die Schlafplätze der Bewohner. Ein Teil des Raumes war für die Körbe mit Nahrungsmitteln, den Hausrat und den Maismörser reserviert.

(Abbildung 12, oben)

Es waren hauptsächlich die Wichita, welche sich geräumige, grasgedeckte Häuser errichteten, wenn sie für längere Zeit an einem Platz bleiben wollten.

[Aufdruck vorn: "Wichita Grass House, Anadarko, Okla." | Aufdruck hinten: Post Card, Black and White, 48840 | geteilte Rückseite | nicht postalisch gelaufen| Von den wenigen undeutlich auf die Rückseite geschriebenen Worten lässt sich kaum mehr als "Fort Sill" entziffern.]

(Abbildung 13, unten)

Sammelbild eines Winterdorfs der Mandan nach Karl Bodmer.

[Sammelbilderalbum Lehmann]

02   Unterwegs

Zu Fuß, beritten und mit Transportschleife

Die wohl größte Umwälzung im Leben der Plains- und Prärieindianer vor dem Erscheinen des weißen Mannes vollzog sich mit der Verbreitung des Pferdes in diesem Gebiet. Durch die in Mexiko und im Südwesten der späteren Vereinigten Staaten nach der Eroberung entstandenen Landgüter der Spanier kamen Pferde in das Land, die entweder durch Verkauf, Diebstahl oder die Verwilderung nach der Vertreibung der Spanier im großen Pueblo-Aufstand von 1680 in die Hände der Indianer gelangten. Bis zur Mitte des 18. Jahrhunderts hatte sich mit der Zähmung und Zucht durch die Indianer eine zähe, den klimatischen Bedingungen angepasste Pferdeart entwickelt (Mustang), welche die Beweglichkeit der Plains- und Präriebewohner grundlegend veränderte. Mit der Verwendung als Reit- und Transporttier war es den Indianern nun möglich, große Strecken zurückzulegen und umfangreicheren Besitz von einem Ort zum anderen zu bewegen. So konnten die verschiedenen Völker ihrer wichtigsten Ernährungsquelle, dem Bison überallhin folgen.

(Abbildung 14, oben)

So kennt man die Indianer wohl am besten: Männer zu Pferde und mit Federhauben geschmückt.

[Aufdruck vorn nicht lesbar | Aufdruck hinten: Post Card – Carte Postale | Published by C.-S. Trading Co. Sheridan, Wyo. | Made in Germany | geteilte Rückseite | Am 18. Oktober 1907 von Montreal (Kanada) postalisch gelaufen nach Limoges (Frankreich). Der namentlich ungenannte Schreiber informierte in englischer Sprache "Robert Javey, Schüler am Lyzeum von Limoges, dass er nur am 4. November in Paris 79 Rue de Rivoli sein wird.]

(Abbildung 15, unten)

Eine Parade der Comanche.

[Aufdruck vorn: "Parade of Comanche Indians at Reservation." | Aufdruck hinten: Post Card | geteilte Rückseite | nicht postalisch gelaufen| Das Symbol vorn unten rechts sowie auf der Rückseite ein Adler übereinem Wappen verweisen auf die Illustrated Postal Card Co., New York – Germany. Eine gleiche Karte ist 1909 postalisch gelaufen. Die Aufnahme selbst findet sich bereits 1906 (oder früher).]

Parade of Camanche Indians at Reservation.

(Abbildung 16, oben)

Ob es sich hier tatsächlich um ein Ehepaar der Cheyenne handelt, ist unsicher. Die Herausgeber der Postkarten legten Wert auf bekannte Stammesnamen und jeder Mann war ein "Häuptling".

[Aufdruck vorn: "Chief Walk Stone and his favorite Squaw, Cheyenne Indians, Oklahoma" | Aufdruck hinten: Post Card | The Albertype Co., Brooklyn N. Y. | geteilte Rückseite | nicht postalisch gelaufen]

(Abbildung 17, unten)

John Wanamaker nahm es mit der Wahrheit indes einigermaßen genau: Wenn der abgebildete Lakota heute auch kaum bekannt sein dürfte, mag er in jungen Jahren doch ein angesehener Kämpfer gewesen sein.

[Aufdruck vorn: "Chief Two Leggings, A noted Sioux Warrior, Wanamaker Historical Expedition No. 1. Copyright 1909 John Wanamaker | Aufdruck hinten: Indian Mailing Card, Wanamaker – Originator | geteilte Rückseite | nicht postalisch gelaufen] | Auf der Rückseite ist neben dem Feld für die Anschrift kein Platz mehr für eine persönliche Notiz, weil dort eine allgemein gehaltene Information über die Wanamaker Expedition aufgedruckt wurde.]

CHIEF WALK STONE AND HIS FAVORITE SQUAW,
CHEYENNE INDIANS, OKLAHOMA.

WANAMAKER HISTORICAL
EXPEDITION NO. 1.

COPYRIGHT, 1909, JOHN WANAMAKER

Chief Two-Leggings
A Noted Sioux Warrior

(Abbildung 18, oben)

Selbst kleine Kinder konnten in den Plains sicher mit Pferden umgehen. Hier mag es einen festlichen Anlass gegeben haben, denn das Pferd war geschmückt worden.

[Aufdruck vorn: "Shot With Her Horse – A little Crow Girl. Copyright 1909(?) John Wanamaker" | Aufdruck hinten: Indian Mailing Card, Wanamaker – Originator | geteilte Rückseite | nicht postalisch gelaufen | Auf der Rückseite ist neben dem Feld für die Anschrift kein Platz mehr für eine persönliche Notiz, weil dort eine allgemein gehaltene Information über die Wanamaker Expedition aufgedruckt wurde.]

———————

(Abbildung 19, unten)

Das Foto der beiden Crow-Mädchen, die stolz zu Pferde sitzen, stammt von Fred Miller (1898–1910). Die Aufschrift "Papooses" dürfte manchen heutigen Betrachter der Ansichtskarte etwas stören. Ebenso wie der Begriff "Squaw" für Frauen wurde die Bezeichnung "Papoose" für kleinere Kinder vor hundert Jahren völlig undifferenziert verwendet, obwohl diese Wörter verballhornte Übernahmen aus der Algonkinsprache der Ostküste waren.

[Aufdruck vorn: "Crow Indian Papooses" | Aufdruck hinten: Post Card | 6226 Adolph Selige, Pub. Co. St Louis – Leipzig. Printed in Germany | geteilte Rückseite | nicht postalisch gelaufen]

Shot With Her Horse—
A Little Crow Girl.

CROW INDIAN PAPOOSES.

(Abbildung 20, oben)

Diese Männer der Crow haben sich festlich gekleidet. Viele Karten wurden von Frauen in Heimarbeit koloriert, die Bemalung sieht hier allerdings etwas unbeholfen aus.

[Aufdruck vorn: "Crow Marriage (?). Sheridan Wyo." | Aufdruck hinten: Post Card | No. 3 Pub by Brown's Drug Store. Sheridan Wyo. | Made in Germany | geteilte Rückseite | nicht postalisch gelaufen]

(Abbildung 21, unten)

Diese Mädchen der Crow und ihre Pferde sind festlich geschmückt. Tatsächlich gab es die Meinung, die Crow seien nicht nur sehr stattliche und ansehnliche Menschen gewesen, sondern auch sehr geschickt bei der Verzierung ihrer Kleidung und sonstigen Gebrauchsgegenstände.

[Aufdruck vorn: "Crow Girls and Ponies" | Aufdruck hinten: Post Card | Nur Aufdruck: Made in Germany | geteilte Rückseite | Mit einer persönlichen Notiz in englischer Sprache versehen und adressiert, aber ohne Briefmarke bzw. Stempel]

Crow Marriages. Sheridan Wyo.

Crow Girls and Ponies.

(Abbildung 22, oben)

Auf dem Weg zum Markt

[Aufdruck vorn: "Going to Market" | Aufdruck hinten: Post Card, Mfd. By Inland Ptg. Co., Spokane | geteilte Rückseite | Die Karte ist ca. 1910 (Briefmarke von 1908) innerhalb der USA postalisch gelaufen. Es handelt um die schwer entzifferbare persönliche Antwort auf eine Karte, welche die Schreiberin oder der Schreiber Tage zuvor erhalten hat.]

(Abbildung 23, unten links)

Ein sogenannter "Sacagawea-Dollar" von 2012. Diese Münzen mit unterschiedlichen Motiven waren ursprünglich gedacht, die Ein-Dollar-Noten zu ersetzen. Sie fanden aber keine allgemeine Akzeptanz und sind zwischenzeitlich eher zu Sammelmünzen geworden. Das Motiv dieser Münze würdigt den Anteil der Indianer an der Zucht und Verbreitung der Pferde.

(Abbildung 24, unten rechts)

Sammelbild, welches das Einfangen wilder Pferde darstellt. Es ist (allerdings seitenverkehrt) einem Gemälde von George Catlin nachempfunden.

[Sammelbilderalbum Lehmann]

Going to Market

Travois – Transportschleifen

Zum Zweck des Mitführens ihres Hab und Gutes, aber auch für den Transport der ganz Alten und der Kleinstkinder entwickelten die Plains- und Prärieindianer den sogenannten "Travois". Dieses Transportgestell bestand aus zwei Holzstangen, die an einem Ende miteinander verbunden waren und am anderen von Querstreben auseinandergedrückt wurden, so dass eine Auflagefläche entstand. Das schmalere Ende hängte man dem Pferd an, während das breite Ende über den Boden geschleift wurde.

In den Zeiten vor dem Erscheinen des Pferdes mussten aller Besitz von den Menschen getragen werden, oder ein Teil von Hunden auf kleinen Varianten des Travois gezogen werden.

(Abbildung 25, oben)

Die Karte zeigt eine Frau der Blackfoot, die ihr Kleinkind auf die Transportschleife platziert hat.

[Aufdruck vorn: "No. 1518 Squaw and Papoose, Blackfeet Indians, Glacien, N. W. T.; Trueman Photo, Vancouver, B. C." | Aufdruck hinten: Canadian Souvenir Post Card | Published by Trueman's Studio, Vancouver, B. C. | geteilte Rückseite | nicht postalisch gelaufen | Die Erwähnung von Richard Henry Trueman (1856–1911) ist kein sicherer Hinweis auf das Alter des Fotos oder der Karte, da das Studio noch längere Zeit existierte.]

(Abbildung 26, unten)

Diese Karte soll vielleicht den Wandel der Transportmittel bei den Piegan verdeutlichen: Während eine Frau und ein Kind auf einem Pferd bzw. auf einer Transportschleife sitzen, kann man am rechten Bildrand niedrige Wagen sehen, die vermutlich zu einer Eisenbahn gehören

[Aufdruck vorn: "Old time Piegan Squaw with Travois and Papoose" | Aufdruck hinten: Private Post Card | Published by Stedman Bros. Ltd., Brantford, Canada | Made in Germany | geteilte Rückseite | 1911 von Edmonton (Alberta) mit herzlichen Glückwünschen (unleserliche Unterschrift) postalisch nach Bischofszell in die Schweiz an Fräulein Marie Keller gelaufen.]

No. 1518 Squaw and Papoose, Blackfeet Indians, Glecien, N. W. T.

Trueman Photo, Vancouver, B. C.

Old time Piegan Squaw with Travois and Papoose.

41

(Abbildung 27, oben)

"Reisetag im Indianerlager" lautet die Aufschrift dieser Ansichtskarte.

[Aufdruck vorn: "M 702. Moving Day in the Indian Camp" | Aufdruck hinten: Post Card | Published by Chas. E. Morris Co., Great Falls, Mont., Made in U. S. A. | geteilte Rückseite | Die Karte wurde vermutlich 1912 an Mrs. Maggie Wetzel nach Longford (Kansas) geschickt. Mary Mann schrieb an die Empfängerin in englischer Sprache, dass sie am Samstag vor Einbruch der Dunkelheit "hier" angekommen seien und auch Robert sei inzwischen aus Calgary eingetroffen. Stempel und manuelle Aufschrift des Datums sind undeutlich, aber die Briefmarke wurde 1912 in Kanada herausgegeben.]

(Abbildung 28, unten)

Dieses Foto zeigt eine Familie der Plains Cree, welche im Begriff ist, eine Reise anzutreten.

[Aufdruck vorn: "Typical Scene from the Canadian North West" | Aufdruck hinten: Post Card | 4552 Illustrated Post Card Co. Montreal | geteilte Rückseite | nicht postalisch gelaufen]

M 702. Moving Day in the Indian Camp.

Typical Scene from the Canadian North West.

Immer wieder werden in Romanen und Filmen die Bewohner der Prärien und Plains auch als Kanufahrer dargestellt. Wenn in diesem Gebiet ein solches Gefährt auftauchte, dann als Nutzfahrzeug von Pelztierjägern. Die Präriebewohner bevorzugten ihre Pferde als Transportmittel, zum Bau von Kanus fehlten ihnen die nötigen Materialien (z. B. Birkenrinde). Sollte es zum Problem einer Flussüberquerung kommen, stellten die Bewohner dieses Landstriches sogenannte Bullboote her. Dazu wurde ein Geflecht aus Weidenruten mit eingefetteter Rohhaut überzogen. So entstanden runde, etwas plumpe Wasserfahrzeuge, mit denen Hausrat und Personen über tiefe Wasserläufe gebracht werden konnten, wenn sich keine Furt fand und die Transport-Pferde schwimmen mussten.

(Abbildung 29, oben)

Es handelt sich hier um ein romantisierendes Bild, welches die Wanderungen indianischer Stämme beritten und mit Transportschleife, veranschaulichen soll.

[Aufdruck vorn: "5838 Following the Old Travois Trail, McDermott Country, Glacier National Park, Montana. See America First" | Aufdruck hinten: Post Card | H H T CO | geteilte Rückseite | nicht postalisch gelaufen | Der Aufdruck H H T CO verweist auf H. H. Tammen Co, Denver, Colorado als Publisher, erlaubt aber keine Hinweise zum Herstellungszeitraum.]

(Abbildung 30, unten links)

Als es in den Plains und Prärien noch keine Pferde gab, mussten die Travois von Hunden gezogen werden. Die Transportschleifen waren freilich kleiner, auch konnten die Hunde keine solchen Lasten wie später die Pferde schleppen. (Sammelbild)

[Sammelbilderalbum Lehmann]

(Abbildung 31, unten rechts)

Sammelbild mit der Darstellung eines Bullbootes der Mandan. Es handelt sich um die Reproduktion eines Gemäldes von Karl Bodmer.

[Sammelbilderalbum Lehmann]

5838. Following the Old Travois Trail, McDermott Country, Glacier National Park, Montana.
See America First

45

03   Nahrungsgewinnung

Die am Rande der Plains lebenden halbsesshaften Völker versorgten sich nicht nur durch die Jagd, sondern betrieben auch im kleinen Maßstab Landwirtschaft. Angebaut wurden Mais, Bohnen und Kürbis. Saisonal zogen diese Menschen in die Plains, um dort Kleintiere, Gabelböcke und vor allem den Präriebison zu jagen. In früher Zeit geschah das zu Fuß und die Herden beschlich man getarnt, zum Beispiel mit einem übergeworfenen Wolfsfell. Im Winter benutzten die Indianer Rahmenschneeschuhe zur Verfolgung der schweren Tiere, die durch ihr Gewicht tief in den Schnee einsanken und dadurch nur langsam vorwärtskamen.

Die nomadisierenden Bewohner der Plains verwendeten in der Prä-Pferde-Zeit die gleichen Methoden zur Jagd, wie oben erwähnt. Beweglich geworden durch das Pferd war es ihnen dann aber möglich, den riesigen Bisonherden zu folgen und vom Rücken ihres Reittieres herab die flüchtenden Bisons zu erlegen. Am Rande der nördlichen Plains gab es in älterer Zeit eine weitere Jagdmethode, indem die Indianer durch Lärm und Schwenken von Tüchern Bisons über Felsklippen trieben, von denen diese in den Tod stürzten. Allerdings ist bei dieser Art der Jagd anzumerken, dass es den Jägern unmöglich sein musste, alle der übereinander in den Tod gestürzten Tiere zu verwerten. Denn an die in der untersten Schicht Liegenden war mit den Mitteln ihrer Zeit für die Indianer kein Herankommen. Sie verrotteten.

(Abbildung 32, oben)

Die Ansichtskarte zeigt das Abhäuten eines Bisons.

[Aufdruck vorn: "100. Indian dressing a Buffalo" | Aufdruck hinten: Post Card | C. T. Photochrom, A-34016 | geteilte Rückseite | nicht postalisch gelaufen | Die Ziffer A-34016 weist auf das Herstelllungsjahr 1913 hin.]

(Abbildung 33, unten)

Rindfleisch wird in dünne Streifen geschnitten, um es trocknen zu können.

[Aufdruck vorn: "Jerking Beef" | Aufdruck hinten: Post Card | geteilte Rückseite | nicht postalisch gelaufen]

100. Indian dressing a Buffalo.

Gerade der Bison lieferte den Bewohnern der Prärien und Plains unendlich viel Material für die Verbesserung ihres Lebensstandards. Die Felle dienten als Decken oder wurden dünn geschabt als Bedeckung für die Tipis verwendet. Die roh gebliebene Haut ließ sich zum Beispiel zur Herstellung aller erdenklicher Behältnisse nutzen. Sehnen dienten als Nähfaden und aus Knochen entstanden die dazu benötigten Nadeln. Auch Fellkratzer und -schaber konnten aus Knochen gefertigt werden. Durch das Auskochen der Hufe gewannen die Indianer Leim. Aus den Hörnern konnten Löffel geschnitzt werden. So wurde beinahe das gesamte erlegte Tier zu nutzbringenden Gegenständen verwertet. Was als Abfall dennoch übrigblieb und nicht von den streunenden Hunden gefressen wurde, warfen die Indianer vor ihrem Lager in die Landschaft. In alten Berichten wird immer wieder angeführt, dass man ein solches Lager bereits lange bevor man es sah, bei ungünstigem Wind roch.

Das Fleisch konnte auf unterschiedlichste Art zubereitet werden. Ob gebraten oder als eine Art Gulasch verarbeitet, oder zu einer kräftigen Suppe gekocht – es gab viele Möglichkeiten. Haltbar gemacht werden konnte das Bisonfleisch vor allem durch das Trocknen. Und aus diesem Trockenfleisch stellten die Indianerfrauen zusammen mit Fett und gewürzt mit Beeren eine Art Konserve her, das Pemmikan. In der Küche wurde neben Fleisch auch gesammelte Wildfrüchte wie die Prärierüben verwendet.

Zu besonderen Anlässen kam Hundefleisch auf den Tisch. Das galt als besondere Delikatesse und oft gab es Einladungen zu einem solchen speziellen Festessen.

_____

(Abbildung 34, oben)

Darstellung eines Lagers der Gros Ventres (Atsina) in der Fort Belknap Reservation. Der zweite Mann von links hält einen kleinen Hund über das Kochfeuer.

[Aufdruck vorn: "11358 A Gros Ventre Camp" | Aufdruck hinten: Post Card | Detroit Publishing Co. | geteilte Rückseite | 1908 von den USA nach Belgien postalisch gelaufen. Die Karte beruht auf einem Foto von ca. 1906 (siehe Library of Congress Prints and Photographs Division, Washington, D. C.). In der handschriftlichen Mitteilung ermahnt Robert seinen Bruder Jean in englischer Sprache, er solle seine Ausbildung in Belgien ernst nehmen, wenn er künftig ein guter Geschäftsmann werden wolle.]

_____

(Abbildung 35, unten)

Die Aufschrift auf der Ansichtskarte verrät, dass sich hier Bisonjäger der Cheyenne versammelt haben. Freilich gab es zum Zeitpunkt, da sich Indianer in dieser Weise kleideten, in den südlichen Plains keine Bisons mehr. Auf dem Foto selbst verrät ein Schriftzug in der linken Ecke, dass es sich um Muskhogee beim "Einfangen" (vielleicht von Pferden oder Rindern) handelt.

[Aufdruck vorn: "Buffalo Hunter, Cheyenne Indians, Oklahoma" (Auf dem Foto selbst steht: Muskhogee Indian Trapping, Muskogee, Okla.) | Aufdruck hinten: Post Card | The Albertype Co., Brooklyn N. Y. | geteilte Rückseite | nicht postalisch gelaufen]

11358. A GROS VENTRE CAMP

BUFFALO HUNTERS, CHEYENNE INDIANS, OKLAHOMA.

(Abbildung 36, oben)

Der Aufschrift zufolge sengt eine Frau der Lakota einem Hund das Fell ab, bevor er geröstet wird.

[Aufdruck vorn: "Sioux Squaw versengt das Fell des Hundes vor dem Rösten. Bell Photo. 733" | Aufdruck hinten: Post Card | geteilte Rückseite (aber ohne Linie) | nicht postalisch gelaufen | Das Foto wurde von Bert Bell 1928 unweit von Deadwood aufgenommen. Auch Briefmarkenfeld verweist in diese Zeit.]

_____

(Abbildung 37, mitte)

4-Cent-Briefmarke der USA von 1898 mit Darstellung einer Bisonjagd

[Briefmarken-Katalog-Angabe: USA 1898 Michel # 119]

_____

(Abbildung 38, unten links)

Sammelbild mit der Darstellung der Bisonjagd der "Sioux"

[Sammelbilderalbum Lehmann]

_____

(Abbildung 39, unten rechts)

Sammelbild mit der Darstellung einer Bisonjagd auf Schneeschuhen (nach einem Gemälde von George Catlin).

[Sammelbilderalbum Lehmann]

04   Soziales Leben

In ihren gesellschaftlichen Verhältnissen fanden sich bei den einzelnen Völkern der Plains- und Prärie einige Unterschiede. Während die Bodenbauer und Erdhausbewohner in eher matrilinearen Clan-Verbänden lebten, fanden sich die Jägernomaden und Tipi-Bewohner meist in patrilinearen individualistischen Lokalgruppen zusammen.

Bei verschiedenen Stämmen gab es sogenannte Gesellschaften, deren Mitglied man werden konnte, wenn man besondere Leistungen vollbrachte oder Heilkräfte nachweisen konnte. Mitunter war die Zugehörigkeit auch nach Alterszugehörigkeit strukturiert. Darüber hinaus gab es bei einigen Ethnien auch Gesellschaften, zu denen nur Frauen Zugang hatten.

Die Häuptlingswürde wurde oft innerhalb bestimmter Familien vererbt, setzte aber geeignete Kandidaten voraus, die von den Angehörigen der Gemeinschaft anerkannt wurden. Bei den Jägervölkern, die sich nur zur Hauptjagdzeit in großen Lagern zusammenfanden, existierten hauptsächlich Kriegerbünde, die u. a. eine Art Polizeifunktion innehatten.

In den Erdhäusern lebten üblicherweise mehrere miteinander verwandte Familien zusammen. Tipis waren hingegen kleiner und dienten nur einer Familie als Wohnung.

Das Familienleben spielte sich in den Behausungen ab. Kleinkinder bekamen von den Frauen Windeln aus weichem Moos und wurden dann in Kindertragen (Cradle Board) überall mit hingenommen. Interessant ist, dass auf körperliche Züchtigungen der Kinder, wenn diese ungehorsam waren, verzichtet wurde. Schon früh wurden die Kinder an ihre späteren Aufgaben herangeführt. Die Jungs beschäftigten sich mit sportlichen Wettkämpfen und wurden so an ein Leben als Jäger und Krieger herangeführt, die Mädchen betraute man schon früh mit einfachen häuslichen Aufgaben bzw. der Hilfe bei den Arbeiten auf den Feldern.

Meist wurden Ehen von den jeweiligen Eltern mehr oder weniger arrangiert, aber die jungen Leute hatten oft ein Mitspracherecht und konnten sich auch nach ihren Neigungen entscheiden. Es war üblich, den Eltern der Braut Geschenke zu übermitteln, aber die Hochzeit selbst feierte man ohne besondere Zeremonien im familiären Kreis.

Weit verbreitet waren zur Unterhaltung in der Freizeit verschiedene Rate- bzw. Glücksspiele und in jedem Dorf gab es mindestens einen begabten Geschichtenerzähler. Es existierten auch Tänze mit profanem Inhalt, die allein der Freude am Dasein dienten. Mit dem Pferd kamen erste Unterschiede in der Gesellschaft auf. Einige Männer erlangten durch den Besitz von vielen Pferden größeren Einfluss, waren aber gleichzeitig verpflichtet, Alte und ärmere Familien zu unterstützen.

Familie und Kinder

(Abbildung 40, oben)

Bei diesem Tipi der Pawnee wurde die Zelthaut aufgeklappt, damit man ins Innere schauen kann. Die Pawnee bewohnten normalerweise stabile Erdhäuser in permanenten Dörfern. Gelegentlich verließen sie die Dörfer aber, um auf Bisonjagd zu gehen. Dann erwiesen sich die Tipis als praktische Unterkünfte.

[Aufdruck vorn: "Interior Pawnee Indian Tepee: Copyright 1907, Geo. B. Cornish, Arkansas City, Kans." | Aufdruck hinten: Post Card | kein Hersteller genannt, aber das Briefmarkenfeld verweist auf The Albertype Co., Brooklyn, N. Y. | geteilte Rückseite | nicht postalisch gelaufen]

(Abbildung 41, unten)

Die Aufschrift verrät nur, dass es sich hier um ein "Indianerdorf" handelt. Das der Ansichtskarte zugrunde liegende Foto ist sicherlich in der ersten Hälfte des 20. Jahrhunderts entstanden.

[Aufdruck vorn: "Indian Village (Doubleday)" | Aufdruck hinten: Photo Post Card | kein Hersteller genannt | geteilte Rückseite | nicht postalisch gelaufen | Die spezifische Form des Briefmarkenfeldes "Kodak Paper" verweist auf 1950 oder kurz danach. Das Wort "Doubleday" bezieht sich wohl auf den Fotografen Ralph R. Doubleday (1881–1958), der insbesondere für seine Rodeo- und Wildwest-Aufnahmen bekannt ist.]

INTERIOR PAWNEE INDIAN TEPEE

(Abbildung 42, oben links)

Der Aufdruck der Ansichtskarte erwähnt nur, dass es sich um zwei Frauen der Sarcee handelt. Das der Karte zugrunde liegende Foto stammt indes von W. Hanson Boorne (1859–1945) und stellt die Sarcee-Mädchen Siupakio und Sikunnacio bei einem Aufenthalt nahe Calgary dar.

[Aufdruck vorn: "Sarcee Squaws – Western Canada – 2034 S" | Aufdruck hinten: Canadian Souvenir Post Card | Warwick Brothers & Rutter, Limited, Publishers, Toronto | geteilte Rückseite | 1908 postalisch gelaufen von Ottawa nach Sarthe (Frankreich). Der (nicht zu entziffernde) Schreiber wendet sich in französischer Sprache per "Sie" an Herrn Eveillard, "Geometer der Regierung", und versichert, er freue sich sehr über "Ihre Karten aus Versailles" und schicke seinerseits diese Abbildungen mit "personnages sauvages" – "wilden Leuten".]

———————

(Abbildung 43, oben rechts)

Darstellung einer Familie der Stoney.

[Aufdruck vorn: "569 A Brave and his Squaw, Stoney Tribe" | Aufdruck hinten: Post Card | Thompson's Studio, Vancouver B. C. | ungleichmäßig geteilte Rückseite | nicht postalisch gelaufen | Stephen Joseph Thompson (1864–1929) besaß ein Fotostudio in Vancouver, aber die Karte ließ sich nicht genauer datieren.]

———————

(Abbildung 44, unten)

Kleines Mädchen in festlicher Kleidung vor seinem Spiel-Tipi.

[Aufdruck vorn: "Papoose and her Play House, Western Nebraska" | Aufdruck hinten: Post Card | Miller Bros., Pub., Alliance, Neb. No. 2 | geteilte Rückseite | postalisch 1914 von Alliance (Nebraska) nach Portland (Oregon) gelaufen | "Daddy" schrieb in englischer Sprache an Angus "Lieber Angus, ich komme bald nach Hause. Bis du die ganze Zeit in der Schule gewesen. Du musst Daddy alles darüber sagen, wenn er heimkommt. Daddy".]

SARCEE SQUAWS   WESTERN CANADA

2034 S

569 – A BRAVE AND HIS SQUAW, STONEY TRIBE.

Papoose and Her Play House, Western Nebraska.

(Abbildung 45, oben)

Kleiner Junge der Crow, verkleidet als "Krieger".

[Aufdruck vorn: "A Little Crow Warrior" | Aufdruck hinten: Post Card – Carte Postale | Published by C.-S. Trading Co. Sheridan, Wyo. | Made in Germany | geteilte Rückseite | postalisch am 18. Oktober 1907 von Montreal (Kanada) postalisch gelaufen nach Limoges in Frankreich. Der namentlich ungenannte Schreiber fragte in englischer Sprache Herrn Bob Javey, Schüler am Lyzeum von Limoges: "Wie geht es dir? Antworte mir an 79 Rue de Rivoli, Paris. Aber nicht vor dem 31. Oktober."]

(Abbildung 46, unten)

Abbildung von Mutter und Kleinkind der Flathead. Der Herausgeber der Karte informierte auf der Rückseite, dass dieses "sehr interessante und bemerkenswerte Bild" im Flathead Valley im nordwestlichen Montana von einem A. J. Thiri aufgenommen worden war.

[Aufdruck vorn: "314. A Flathead Mother and Child. Copyright 1910" | Aufdruck hinten: Post Card | Published by Chase E Morris Co., Chinook, Montana. Made in U. S. A.; A-12987 Chinook Kwality Montana | aufgedruckte Erklärung zum Motiv siehe oben | geteilte Rückseite | nicht postalisch gelaufen, aber mit einer schwer entzifferbaren handschriftlichen Notiz in englischer Sprache versehen.]

A LITTLE CROW WARRIOR.

G 314. "A Flathead Mother and Child"

(Abbildung 47, oben)

Eine Frau der Cheyenne beim Anfertigen von Mokassins.

[Aufdruck vorn: "Cheyenne Squaw making Moccasins" | Aufdruck hinten: Post Card C.-S. Trading Co. Sheridan Carte Postale | Published by C.-S. Trading Co. Sheridan, Wyo. | Made in Germany | geteilte Rückseite | Die Karte ist 1907 postalisch gelaufen von Diane an ihre Kusine Miss Margaret Gardner von Sheridan nach Parkman (beide Orte in Wyoming). Diane freute sich über die Nachricht von ihrer Kusine und fragte, wann sie kommen wolle.]

(Abbildung 48, unten links)

Die Comanche-Frau Sosona mit ihrem Kind.

[Aufdruck vorn: "Sosona and Papoose – Comanches. Manufactured by Curt Teich & Co., Chicago. U. S. A. | Aufdruck hinten: Post Card | geteilte Rückseite | nicht postalisch gelaufen| Eine Karte mit gleichem Motiv gibt es auch mit ungeteilter Rückseite, das der Karte zugrunde liegende Foto mag also von etwa 1900 stammen.]

(Abbildung 49, unten rechts)

Die Kiowa-Frau Watonga mit ihrem Baby. Interessant ist das sogenannten *cradle board*, eine tragbare Wiege, welche die Mütter für die ganz Kleinen auf dem Rücken trugen und ihre Kinder auf diese Weise überall mit hinnehmen konnten.

[Aufdruck vorn: "A Kiowa Woman, Watonga, Okla." | Aufdruck hinten: Post Card | geteilte Rückseite | postalisch gelaufen 1910 von Canton (Oklahoma) nach Fort Riley (Kansas) | Eine Karte mit gleichem Motiv gibt es auch mit ungeteilter Rückseite. Das der Karte zugrunde liegende Foto mag also von etwa 1900 stammen oder noch älter sein. | Im handschriftlichen Text geht um die Verabredung zu einem Treffen, aber ohne konkretes Hintergrundwissen ist die Information etwas unklar.]

CHEYENNE SQUAW MAKING MOCCASINS

Sosona and Papoose—Comanches.

MANUFACTURED BY CURT TEICH & CO., CHICAGO, U. S. A.

A Kiowa Woman, Watonga, Okla.

Spiel als Freizeitbeschäftigung

(Abbildung 50, oben)

Nicht erst in der Reservation beschäftigten sich sowohl Frauen als auch Männer mit Glücks- und Geschicklichkeitsspielen.

[Aufdruck vorn: "Gambeling Game Practised by the American Indians. Copyright 1909 by W. H. Martin – 101" | Aufdruck hinten: Post Card | Published by the North American Post Card Co., Kansas City, U. S. A. | geteilte Rückseite | nicht postalisch gelaufen | Der im Copyright-Vermerk genannte Fotograf William H. Martin lebte von 1865 bis1940.]

(Abbildung 51, unten)

Das sogenannte "Stick Game", eine Art Ratespiel mit unterschiedlich gekennzeichneten Stöcken oder Stäbchen war im nördlichen Amerika bei zahlreichen Ethnien verbreitet.

[Aufdruck vorn: "1552 Indians gambling with their famous Stick Game – 4A644" | Aufdruck hinten: Post Card | Robbins Tillquist Co., Spokane, Wash. | geteilte Rückseite | nicht postalisch gelaufen | Das Logo CT auf der Rückseite in Verbindung mit der Nummer 4A644 verweist auf das Jahr 1934.]

GAMBELING GAME PRACTISED BY THE AMERICAN INDIANS.

Copyright 1909 by K.H.Martin - 101

1552   INDIANS GAMBLING WITH THEIR FAMOUS STICK GAME

4A644

Die Zeichensprache der Plains zur intertribalen Verständigung

(Abbildung 52, unten)

Die verschiedenen Stämme der Plains und Prärie gehörten unterschiedlichen Sprach-
gruppen an und konnten sich untereinander oft nur mit einer allgemein verbreiteten
Zeichensprache verständigen.
In Fort Belknap lebte ein "Horn Weasel", (hier "Horn Weazel" genannt) der um 1910
fotografiert wurde, während er die Zeichensprache demonstrierte. Es mag sich um
die gleiche Person gehandelt haben.

[Aufdruck vorn: "Horn Weazel, Sign Talker" | Aufdruck hinten: Post Card | W. T. Ridgley Calendar
Co., Publishers, Great Falls Montana | geteilte Rückseite | nicht postalisch gelaufen]

HORN WEAZEL, SIGN TALKER.

05   Religiöses Leben

Fast alle indianischen Völker Nordamerikas glaubten an eine jedem Lebewesen oder Naturgegenstand innewohnende magische, übernatürliche Kraft. Die Dakota nannten sie Wakan Tanka, die Crow Maxpe. Durch Träume, Visionen und dazu gehörige Riten konnte der Mensch Anteil an diesen übernatürlichen Kräften erlangen. Äußere Zeichen dieser Macht konnte die betreffende Person z. B. durch Bemalungen oder Verzierungen ihres Schildes oder ihrer Kleidung präsentieren. Auch Heilige Bündel, ob für das Individuum oder die Gemeinschaft, beinhalteten diese Kräfte. Menschen mit besonders mächtigen Schutzgeistern oder überirdischen Helfern betrachtete man als Schamanen oder Medizinmänner. Sie leiteten Zeremonien, bei denen sie ihre Mächte wirken ließen, ob zu positiven oder negativen Zwecken. Dabei versetzten sie sich oft in Trance, um mit diesen übernatürlichen Kräften in Verbindung zu treten. Auch verfügten diese Menschen über Kenntnisse zur Heilung von Kranken, die durch zauberische Handlungen die Wirkung der verabreichten Natur-Medizin erhöhten.

Verschiedene Geheimgesellschaften sorgten mit ihren oft ererbten bzw. gekauften Gesängen und Tänzen mythologischen Inhalts beispielsweise für die Besänftigung feindlicher Geister (Skalptanz) oder für die jährliche Wiederkehr der zum Überleben des Volkes wichtigen Wildtiere (Bison). Die wichtigste Zeremonie war aber der Sonnentanz, der sich auch über die Grenzen des hier besprochenen Gebietes hinaus verbreitet hatte. Er fand in einer runden Einzäunung mit einem Hauptpfahl in der Mitte statt. Vor diesem Pfahl befand sich ein Altar mit einem Bisonschädel. Während dieses vier Tage und vier Nächte andauernden Tanzes brachten einige Teilnehmer ein Blutopfer, indem sie sich durch Einschnitte in ihre Brustmuskeln Riemen ziehen ließen und solange vor- und zurücktanzten, bis die Muskeln rissen. So sollte der Fruchtbarkeit der Natur ein Opfer gebracht und zur Erneuerung der Welt beigetragen werden. Vor den meisten Zeremonien besuchten deren Teilnehmer normalerweise die Schwitzhütte (Sweat Lodge), um dort Geist und Körper vor dem Zusammentreffen mit heiligen Gegenständen oder den hervorzurufenden mythischen Mächten zu reinigen.

Für die Aufbewahrung heiliger Gegenstände wie die schon erwähnten Bündel, der heiligen Stammespfeife und anderer Zeremonialobjekte errichteten viele Völker ein besonderes Tipi, welches sich oft durch besondere Bemalungen auszeichnete und in denen diese Objekte behütet wurden. Das Material für die Köpfe der oft aufwändig geschmückten Pfeifen (Catlinit) gewann man in den Steinbrüchen von Pipestone, zu denen alle Völker unbehelligten Zutritt hatten.

Nach dem Ableben eines Mitgliedes einer Gruppe wurde dieser gewöhnlich in seine Festkleidung gehüllt, ihm Waffen bzw. Nähzeug und Nahrungsmittel beigegeben und die Person endlich in eine Decke bzw. ein Fell gehüllt. Damit sollte der oder die Tote in den "Glücklichen Jagdgründen" weiter existieren können. Der Leichnam durfte nicht mehr den Boden berühren und wurde in Baumkronen oder auf extra angefertigten Gestellen beigesetzt.

Tänze

(Abbildung 53, oben)

Der Aufdruck bezeichnet diesen Tanz als "Fool Dance" der Sioux. Tatsächlich handelt es sich um einen Tanz der Fool Dance Warriors bzw. Clowns der Assiniboin. Das der Karte zugrundeliegende Foto wurde um 048 1905/06 von Sumner W. Matteson (1867–1920) aufgenommen.

[Aufdruck vorn: "113 – Fool Dance by Sioux Indians | Aufdruck hinten: Post Card | Matteson Post Cards, R. Steinman, Publisher, St. Paul, Minn. | ungeteilte Rückseite | nicht postalisch gelaufen.]

(Abbildung 54, unten links)

Das Foto für diese kolorierte Ansichtskarte wurde 1906 von Sumner W. Matteson auf der Fort Belknap Reservation aufgenommen. Der Mann im grünen Umhang war Two Boys, der Anführer der Fool Dancer der Assiniboin. Es ist kaum erkennbar, aber beide tragen Flöten in den Mündern.

[Aufdruck vorn: "Chief of the Assinaboine (sic!) Fools" | Aufdruck hinten: Post Card Matteson Post Cards, R. Steinman Co. Publishers, St. Paul, Minnesota, No. 189 | Made in Germany | geteilte Rückseite | nicht postalisch gelaufen]

(Abbildung 55, unten rechts)

Das dieser Ansichtskarte zugrunde liegende Fotos zeigt Old Nosey (auch Yellow Lodge), einen Medizinmann der Assiniboin von Fort Belknap. Das Foto wurde vermutlich 1906 von Sumner W. Matteson aufgenommen. Der Medizinmann hält ein Bündel Süßgras in der rechten Hand und eine Pfeife in der Linken.

[Aufdruck vorn: "Old Nosey" the Assinaboine (sic!) Medecine (sic!) Man" | Aufdruck hinten: Post Card | Matteson Post Cards, R. Steinman Co. Publishers, St. Paul, Minnesota, No. 134 | Made in Germany | geteilte Rückseite | nicht postalisch gelaufen]

113—FOOL DANCE BY SIOUX INDIANS.

Chief of the Assinaboine Fools.

Old "Nosey" the Assinaboine Medecine Man.

(Abbildung 56, oben)

Das der Karte zugrunde liegende Foto zeigt einen Copyrightvermerk von 1907, doch scheint der Fotograf unbekannt zu sein. Bei den hier als "Alberta Indians" bezeichneten Tänzern der Horn Society handelt es sich um Siksika.

[Aufdruck vorn: "The Horn Society of Alberta Indians" | Aufdruck hinten: Private Post Card | Published by Stedman Bros. Ltd., Brantford, Canada. | Made in Germany, SB 639 | geteilte Rückseite | Der Stempel ist durch das Ablösen der Briefmarke nicht mehr lesbar. "Grenf..." könnte auf Grenfell, Saskatchewan, hinweisen. Es wird in englischer Sprache lediglich ein freundlicher Gruß an jemanden in New York gesendet.]

(Abbildung 57, unten)

Der Kartenaufdruck verspricht, dass es sich hier um Männer der Pine Ridge Reservation in "vollständiger Kriegskleidung" handelt, aber die beiden Lakota sind eher festlich bzw. für einen Tanz gekleidet.

[Aufdruck vorn: "Pine Ridge Indians In Full War Dress. Pine Ridge Indian Resv., So. Dak. Publication Rights Reserved by Canedy's Camera Shop" | Aufdruck hinten: Post Card | geteilte Rückseite ohne Trennungsstrich | nicht postalisch gelaufen] | Dem Briefmarkenfeld zufolge stammt das Foto 1925–1942]

The Horn Society of Alberta Indians.

Pine Ridge Indians.
In Full War Dress.
Pine Ridge Indian Resv., So. Dak.
Publication Rights Reserved by
Canedy's Camera Shop

(Abbildung 58, oben)

Foto vom letzten Tag des sogenannten Sonnentanzes der Shoshone im Jahr 1911. Die Shoshone bewohnten das Great Basin bzw. Plateau, unternahmen aber gelegentliche Jagd- und Kriegszüge in die Plains. Von dort übernahmen sie auch den Sonnentanz, der ursprünglich kein Bestandteil ihrer Kultur war.

[Aufdruck vorn: "Last Day of Sun Dance of Shoshoni Indians. Copyright 1911 by K. E. Drouillard" | Aufdruck hinten: Post Card | aufgedruckte Nummer: 20227 | geteilte Rückseite | nicht postalisch gelaufen]

(Abbildung 59, unten rechts)

Szene aus dem Wolfstanz der Shoshone.

[Aufdruck vorn: "Scene in Wolf Dance. Shoshone Indians." Publ. by L. K. Webster, Fort Washakie, Wyo., No. 6495 | Aufdruck hinten: Post Card | Das Briefmarkenfeld verweist auf die The Albertype Co., Brooklyn, N. Y. | geteilte Rückseite | nicht postalisch gelaufen]

Last Day of Sun Dance of Shoshoni Indians.
Copyright 1911 by K. E. Drouillard.

SCENE IN WOLF DANCE.   SHOSHONE INDIANS.

(Abbildung 60, oben)

Die Postkarte zeigt einen "Kriegstanz" der Crow. Freilich waren die Crow zu dem Zeitpunkt, als diese Aufnahme Anfang des 20. Jahrhunderts entstand, schon lange nicht mehr in intertribale Kriege verstrickt.

[Aufdruck vorn: "Crow Indian War Dance" | Aufdruck hinten: Post Card | 11371 Printed in Germany for Coffeen's Indian Rooms, Sheridan, Wyo. | geteilte Rückseite | nicht postalisch gelaufen]

(Abbildung 61, unten)

Diese Aufnahme ähnelt ein wenig den Fotos, die George Amos Dorsey (1868–1931) 1905 vom Sonnentanz der Ponca veröffentlicht hat. In seiner Publikation ist diese Aufnahme indes nicht zu finden.

[Aufdruck vorn: "Ponca Indian Dance, Ponca City, Okla." | Aufdruck hinten: Post Card | kein Herstellerhinweis, nur die Nummer 123434 | geteilte Rückseite | postalisch gelaufen 1908 innerhalb von Oklahoma | Eine Person mit den Initialen E. G H. erinnert Mrs Pearce "an die 101 Ranch und das Vergnügen, das wir alle hatten"]

Crow Indian War dance

Ponca Indian Dance, Ponca City, Okla.

Schwitzhütten

(Abbildung 62, oben)

Auf der Rückseite steht in englischer Sprache, dass Pretty Bird, "ein gutaussehender Cheyenne", sich vorbereitet, ein Schwitzbad zu nehmen. Seine Frau hat einige heiße Steine platziert, wird anschließend Felle und Decken über das Gerüst legen und ihm einen Flaschenkürbis mit Wasser geben, das er auf die heißen Steine sprenkelt. Im Anschluss wird er ein Bad im Fluss nehmen.
Die Karte beruht auf einem Foto von Laton A. Huffman (1854–1931) etwa von 1892. Der Name des abgebildeten Northern Cheyenne war indes Plenty Bird, nicht Pretty Bird, wie irrtümlich auf der Karte abgedruckt.

[Aufdruck vorn: "20 A hansome (sic!) young Cheyenne. Copyright 1907 by L. A. Huffman" | Aufdruck hinten: Post Card | aufgedruckte Erklärung zum Motiv siehe oben | geteilte Rückseite | nicht postalisch gelaufen]

(Abbildung 63, unten)

Die Ansichtskarte dieser Schwitzhütte der Crow beruht auf einem undatierten Foto.

[Aufdruck vorn: "Crow Sweat Tepee" | Aufdruck hinten: Post Card | Published by Herbert Coffeen, Sheridan, Wyo. | geteilte Rückseite | nicht postalisch gelaufen]

A Kansouir's
Young Cheyenne

COPYRIGHT 1907 BY L.A. HUFFMAN

Crow Sweat Teepee.

"Medizintipis"

(Abbildung 64, oben)

"Heiliges Tipi" der Northern Arapaho bei Lander (Wyoming) auf einem nachkolorierten Foto von ca. 1895.

[Aufdruck vorn: "Arapahoe Sacred Tepee near Lander, Wyo." | Aufdruck hinten: Post Card, Lithochrome Trade Mark. Germany | Published by the Palace Pharmacy, Lander, Wyo. | geteilte Rückseite | nicht postalisch gelaufen]

(Abbildung 65, unten)

Das der Karte zugrunde liegende Foto stellt ein Medizin-Tipi der Crow dar. Der gedruckte Text erwähnt, dass das "Donnervogel"-Motiv, das hier gezeigt wird, selten ist und für den Eigentümer "gute Medizin" bedeutet.
Es ist interessant, dass Walter S. Campbell schreibt, dass er bei den Crow nur ein einziges farbig bemaltes Tipi vorfand, welches einen Donnervogel und fünfzackige Sterne zeigte. Er meinte hier europäischen Einfluss zu erkennen (Campbell, 1927: 93).

[Aufdruck vorn: "Crow Medicine Tepee. Petzoldt Photo" | Aufdruck hinten: Post Card | Published by Herbert Coffeen, Sheridan, Wyo., Made in U. S. A. | CT Photochrom | aufgedruckte Erklärung zum Motiv siehe oben | geteilte Rückseite | postalisch gelaufen 1917 | Alma schrieb in englischer Sprache an ihre Cousins nach Ohio, dass "hier" (leider ist der Poststempel nicht lesbar) ein schöner Frühling herrsche.]

Arapahoe Sacred Tepee near Lander, Wyo.

Crow Medicine Teepee.

PETZOLDT PHOTO.

(Abbildung 66, oben)

Die Karte stellt das Innere einer "Medizinhütte" dar. Bemerkenswert sind die hier grün dargestellten Rückenstützen, die insbesondere älteren Leuten das Sitzen im Zelt erleichterten.

[Aufdruck vorn: "The Medicine Lodge" Glacier National Park, Montana; See America First | Aufdruck hinten: Post Card | H H T CO | geteilte Rückseite | nicht postalisch gelaufen | Der Aufdruck H H T CO verweist auf H. H. Tammen Co, Denver, Colorado als Publisher, erlaubt aber keine Hinweise zum Herstellungszeitraum.]

_____

(Abbildung 67, unten rechts)

Auf der Rückseite der Ansichtskarte ist als Text aufgedruckt, dass die Plains Indianer in frühen Tagen diese Form der Bestattung bevorzugten. Man wickelte den Toten in eine Decke oder ein Büffelfell und platzierte das Bündel auf den Ästen eines Baumes. Die dekorativ platzieren Totenschädel legen nahe, dass es sich bei diesem Bild eher um ein vom Fotografen inszeniertes Bild, als tatsächlich um eine Baumbestattung handelt.

[Aufdruck vorn: "Indian Burial in Cottonwood tree, No. M 68" | Aufdruck hinten: Post Card | Published by Chase E. Morris Co., Chinook, Mont. | aufgedruckte Erklärung zum Motiv siehe oben | geteilte Rückseite | nicht postalisch gelaufen]

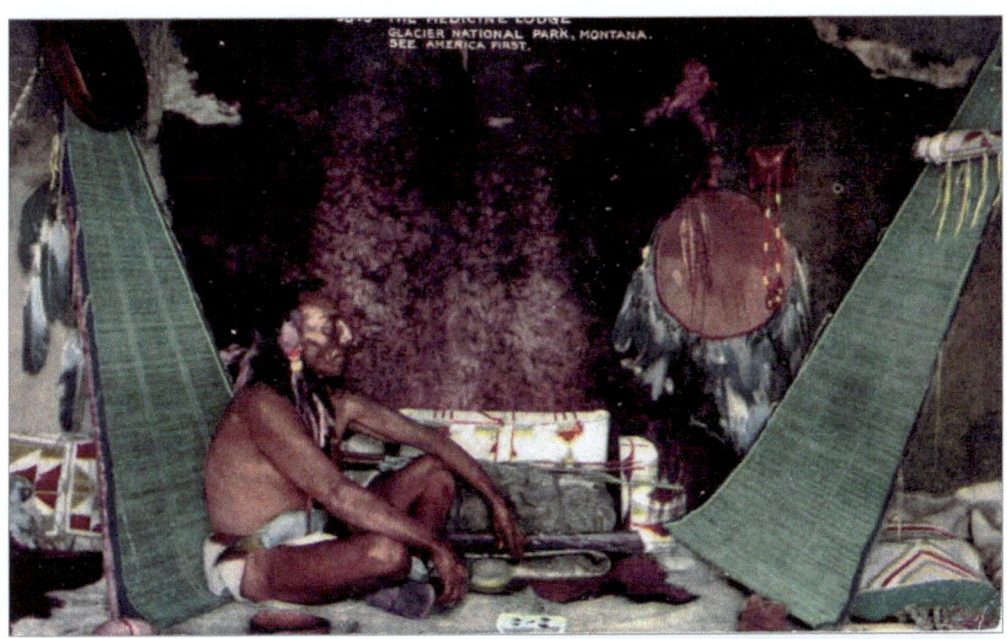

Indian Burial in Cottonwood tree. No. M68

Die heilige Pfeife

(Abbildung 68, oben)

Die Ansichtskarte beruht auf einem Foto von um 1900. Einige der von Frauen begleiteten Indianer tragen Spitzhacken, um sich Catlinit-Steinstücke aus dem berühmten Steinbruch von Pipestone (Minnesota) zu brechen. Dieses rötliche Material wurde bevorzugt für die Anfertigung zeremoniell verwendeter Pfeifen verwendet. Aufnahmen des Steinbruchs scheinen selten zu sein, denn dieses Motiv wurde noch 1925 auf Postkarten verwendet. Der Name des Fotografen scheint jedoch unbekannt zu sein.

[Aufdruck vorn: "Indians digging the famous Pipestone, Pipestone, Minn. | Aufdruck hinten: Post Card | Published by Max Menzel, Pipestone, Minn. | Made in Germany, E 13101 | geteilte Rückseite | postalisch gelaufen 1909 von Pipestone (Minnesota) zu einem undeutlich geschriebenen Ort | Es handelt sich um eine nicht unterschriebene persönliche Notiz zu einem bevorstehenden Besuch]

Indians digging the famous Pipestone, Pipestone, Minn.

06   Menschen

Frauen und Kinder

Lakota

(Abbildung 69, oben)

Die englische Aufschrift der Karte verrät, dass diese Frau namens "Tells Lie" ("Erzählt eine Lüge") eine typische "Squaw" der nördlichen Indianer sei. Es wird auf den schweren Ohrschmuck verwiesen, den sie trägt und erklärt, dies sei in ihrer "Klasse" im Stamm allgemein üblich gewesen. Es handelt sich wohl um Dentalium-Schneckengehäuse. Bemerkenswert sind auch der Schmuck aus Röhrenknochen (Hairpipe) sowie die Wapiti-Eckzähne auf dem Kleidungsoberteil.
Die Aufschrift verrät nicht, dass sie eine Oglala-Lakota und die Frau des prominenten Häuptlings Little Wound war.

[Aufdruck vorn: "Tells Lie" Is a typical squaw of the northern indian. Her ear lobes are stretched to unsightly proportions by the heavy weight of the ear regalia as seen in picture and such is generally worn for adornment by all of her classs in the tribe." | "Copyright 1890 Heyn Photo Omaha" | Aufdruck hinten: Post Card | Published by The Omaha News Company, Omaha, Neb. | ungeteilte Rückseite | nicht postalisch gelaufen, aber eine identische Karte ist 1906 verschickt worden]

————————

(Abbildung 70, unten links)

Die Oglala-Frau Annie Redshirt trägt einen bemerkenswerten Brustschmuck aus Röhrenknochen (Hairpipe) von Vögeln. Sie wurde 1898 auf der Trans-Mississippi and International Exposition in Omaha, Nebraska, von Frank A. Rinehart (1861–1928) fotografiert.

[Aufdruck vorn: (aufgedruckte Erklärung zum Motiv siehe oben) "Copyright 1890 Heyn Photo Omaha" | Aufdruck hinten: Post Card | Published by The Omaha News Company, Omaha, Neb. | ungeteilte Rückseite | nicht postalisch gelaufen]

————————

(Abbildung 71, unten rechts)

Das Sammelbild nach einem Foto von Frank A. Rinehart gibt Annie Redshirt wieder, die hier als "Siouxkrieger Annie Redshirt" bezeichnet wird.

[Sammelbilderalbum Lehmann]

no. 191. "TELLS LIE" is a famous squaw of the northern Indian ... the ear lobes are stretched to unsightly proportions by the heavy weight of the ear rings as seen in picture and such as is generally worn for adornment by all of her class in the tribe.

Copyrighted 1905, F. A. Rinehart, Omaha, Neb.

Osage, Wichita, Kiowa

(Abbildung 72, oben links)

Abbildung einer Frau der Osage. Das Foto stammt von spätestens 1906.

[Aufdruck vorn: "831 An Osage Woman" | Aufdruck hinten: Post Card | Keine Angaben zum Hersteller oder Publizisten | geteilte Rückseite | nicht postalisch gelaufen | Auf der Vorderseite befindet sich der handschriftliche Vermerk, man habe "eine Menge von diesen gesehen", hinten: "von Betty"]

(Abbildung 73, oben rechts)

Die Karte gibt ein Foto wieder, dass eine Frau der Wichita im angeblichen Alter von 109 Jahren zeigt. Für eine persönliche Verbindung zu Sam Houston (1793–1863), dass sie nämlich seine Frau war, wie sie im aufgedruckten Text behauptete, ließen sich allerdings keine Belege finden. Fotografiert wurde die Frau im Studio von William L. Sawyers in Purcell im Oklahoma.

[Aufdruck vorn: "Granny Houston, Wichita Indian who always claimed to be the wife of General Sam Houston" | Aufdruck hinten: Post Card | Printed by Joe B. Baker & Bro., Lawton, Oklahoma | geteilte Rückseite | 1908 von Guthrie (Oklahoma) nach Weston (Missouri) postalisch gelaufen | Auf der Karte befindet sich nur eine Anschrift, kein persönlicher Text]

(Abbildung 74, unten links und Abbildung 75, unten rechts)

Das Motiv der links dargestellten Karte beruht auf einem Foto von William E. Irwin (1871–1935), Chickasha, Indian Territory. Diese Frau trug demnach den Namen "Kiowa-Annie" und war mit Tennyson Berry, einem Häuptling der Kiowa-Apache, verheiratet. Ihr Lederkleid (die originale Farbe mag durch eine willkürliche Kolorierung verfälscht sein) trug lange Fransen und war mit Zähnen des Wapiti-Hirsches verziert. Seltsamerweise bezieht sich der Aufdruck der rechten Karte auf das links dargestellte Motiv. Die Ähnlichkeit der Gesichter ist jedoch gering und es mag sich bei der Beschriftung rechts um eine Verwechslung beim Drucken gehandelt haben.

[links Aufdruck vorn: "White Buffalo's Daughter – Kiowa." | Aufdruck hinten: Post Card | ungeteilte Rückseite | nicht postalisch gelaufen]

[rechts Aufdruck vorn: "Kiowa-Annie (Dress Trimmed with Elk Teeth, Valued $1000.00). Manufactured by Curt Teich & Co., Chicago. U. S. A" | Aufdruck hinten: Post Card | ungeteilte Rückseite | 1906 von Geary (Oklahoma) nach Woosley (Ohio) an Miss W. E. Winkler postalisch gelaufen | Auf der Vorderseite steht geschrieben: "Vielen, vielen Dank für (unleserlich) Ein frohes neues Jahr an euch alle. Dein liebender Cousin M. C."]

AN OSAGE WOMAN,

We have seen lots of them.

Granny Houston, Wichita Indian who always claimed to be
the wife of General Sam Houston.

White Buffalo's Daughter—Kiowa.

Kiowa-Annie (Dress Trimmed with Elk Teeth, Valued $1000.00.)

Many, many thanks for the pretty cushion. A Happy new year to you all. Your Loving Cousin M. C.

87

Cheyenne

(Abbildung 76, oben links)

Der Aufschrift zufolge handelt es sich bei diesem Bild um eine Cheyenne-Frau namens "Walking Woman". Sie trägt ein wertvolles, mit Dentalium-Muscheln besticktes Oberteil.

[Aufdruck vorn: "Walking Woman, Cheyenne Indian" | Aufdruck hinten: Post Card, Lithochrome Trade Mark. | Germany | geteilte Rückseite | 1914 postalisch gelaufen von Brooklyn nach Schenectady innerhalb des Staates New York | G. W. L. bedankt sich bei (Miss) Hattie für die Post und freut sich, dass es ihr gut geht. Es müsse dort (wo sich Hattie befindet) sehr schön sein. Der Schreiber/die Schreiberin fühlt sich nun besser und hofft, "dass ihr in guter Gesundheit seid. In Liebe an alle G. W. L."]

(Abbildung 77, oben rechts)

Diese Cheyenne-Frau trägt den Namen Susie Big Horse. Das Oberteil, welches diese Frau trägt, ist mit Rotwild-Eckzähnen, sogenanntem Grandelschmuck verziert.

[Aufdruck vorn: "Susie Big Horse, Cheyenne Indian" | Aufdruck hinten: Post Card, Lithochrome Trade Mark. | Germany. No. AA/229 | geteilte Rückseite | Die Karte ist postalisch gelaufen, doch wurde die Briefmarke abgelöst, so dass sich das Jahr 1908 nur ahnen lässt. "Edd" fragt in undeutlicher englischer Kraxelschrift eine Miss Mable Hart: "Wie geht's?", schreibt dann "alles OK" und dass er am Montag zu Hause bleiben will – "By by Edd"]

(Abbildung 78, unten links)

Das ist gemäß der Aufschrift "Miss Two Lances".

[Aufdruck vorn: "Miss Two Lances, Cheyenne Indian" | Aufdruck hinten: Post Card, Lithochrome. | Germany No. AA/232 | geteilte Rückseite | Nicht postalisch gelaufen]

(Abbildung 79, unten rechts)

Während zu den Frauen auf den drei vorherigen Bildern keine weiterführenden biografischen Daten zu finden waren, wird Hoarse Voice als Cheyenne-Frau im Census des Jahres 1900 erwähnt.

[Aufdruck vorn: "Hoarse Voice, Cheyenne Indian" | Aufdruck hinten: Post Card, Lithochrome Trade Mark. | Germany. No. AA/224 | geteilte Rückseite | nicht postalisch gelaufen]

Walking Woman, Cheyenne Indian

Susie Big Horse, Cheyenne Indian

Miss Two Lances, Cheyenne Indian

Hoarse Voice, Cheyenne Indian

Arapaho und Crow

(Abbildung 80, oben links)

Die Arapaho-Frau Lizzie Turkey Legs. Bemerkenswert ist der Röhrenknochen-(Hairpipe-)Schmuck, den die Frau trägt.

[Aufdruck vorn: "Lizzie Turkey Legs Araphoe (sic!) Indian" | Aufdruck hinten: Post Card, Lithochrome. | Germany No. AA/221 | geteilte Rückseite | 1911 ohne textlichen Inhalt postalisch gelaufen von Boston an "Mr. Henrich Krongold ... Warechau. Polen. Russia."]

(Abbildung 81, oben rechts)

Die Arapaho-Frau Wenona Turkey Legs. Auch bei dieser Frau ist der Röhrenknochen-(Hairpipe-)Schmuck beeindruckend.

[Aufdruck vorn: "Wenona Turkey Legs Araphoe (sic!) Indian | Aufdruck hinten: Post Card, Lithochrome. | Germany No. AA/223 | geteilte Rückseite | Nicht postalisch gelaufen]

(Abbildung 82, unten links)

Frau der Crow.

[Aufdruck vorn: "Crow Squaw." | Aufdruck hinten: Post Card – Carte Postale | Published by C.-S. Trading Co. Sheridan, Wyo. | Made in Germany | geteilte Rückseite | nicht postalisch gelaufen]

(Abbildung 83, unten rechts)

Das Crow-Mädchen Little Thunderhawk mit Puppe.

[Aufdruck vorn: "Little Thunderhawk and Doll, Crow" | Aufdruck hinten: Post Card | Made in Germany | geteilte Rückseite | 1920 mit persönlicher Notiz innerhalb der USA postalisch gelaufen]

Lizzie Turkey Legs, Arapahoe Indian

Wenona Turkey Legs, Arapahoe Indian

CROW SQUAW.

LITTLE THUNDER and WIFE, CROW.

Männer

Osage und Ponca

(Abbildung 84, oben links)

Diese handkolorierte Postkarte stammt von 1911, das Foto des Osage-Häuptlings Ma-chet-seh ist jedoch schon zwischen 1880 und 1900 aufgenommen worden.

[Aufdruck vorn: "Chief "Ma-chet-seh", Osage Indian. Oklahoma. No. 28 Osage Indian. Curio Co., Hand Colored | Aufdruck hinten: Post Card | Das Briefmarkenfeld verweist auf die The Albertype Co., Brooklyn, N. Y. | geteilte Rückseite | nicht postalisch gelaufen]

(Abbildung 85, oben rechts)

Bildnis des Osage Cho-Sha-Wat-Sah bzw. God Man.

[Aufdruck vorn: "4654 Cho-Sha-Wat-Sah. God Man Osage Ind. Publ. by Drum, Bartlesville, Ind. Ty." | Aufdruck hinten: Post Card (Adlerbild) | ungeteilte Rückseite | 1906 postalisch gelaufen von Bartlesville (Oklahoma nach Sheffield (Pennsylvania). | Der Schreiber / die Schreiberin bittet Melborne Charles (Charlez?) um Gurkensamen, der zugeschickt werden soll, und erwähnt kurz, dass es sich bei dem Bild um einen Indianer handelt. Dann folgen noch einige persönliche Bemerkungen.]

(Abbildung 86, unten links)

Das Kartenmotiv zeigt den Ponca-Häuptling Standing Bear nach einem Gemälde von Louise Ennis. Bemerkenswert ist die Bärenkrallenkette, die sowohl auf dem Gemälde als auch auf der Briefmarke dargestellt wird.

[Aufdruck hinten: Post Card | Pub. by Pospeshni Card Service 1517 West Second Str., Sioux City, Ia 51103 | geteilte Rückseite | geteilte Rückseite | schwer datierbar | nicht postalisch gelaufen]

(Abbildung 87, unten rechts)

Briefmarke (USA 2023) mit dem Portrait von Standing Bear.

[Noch nicht im Michel-Briefmarkenkatalog Nordamerika erfasst.]

Chief "Ma-chet-seh," Osage Indian.   OKLAHOMA.

No.33.
OSAGE INDIAN
CURIO CO.

4654   CHO-SHA-WAT-SAH   GOD MAN   Osage Ind.
PUBL. BY DRUM.   BARTLESVILLE, IND. TY.

Oto, Kaw, Omaha und Comanche

(Abbildung 88, oben links)

Die Karte zeigt einen Häuptling der Oto, der hier mit dem Namen "Ci-Ca-Ba" benannt wird.

[Aufdruck vorn: "Ci-Ca-Ba, Otoe Chief and Warrior, Otoe Reservation, Okla. | Aufdruck hinten: Post Card | ungeteilte Rückseite | postalisch gelaufen 1907 mit einem Gedicht an Miss Goodhard: "Here he is at last – I found him when he was riding fast – And told him he was wanted by a little lass – Now please don't give him any sass." – O. T.]

––––––––––––––

(Abbildung 89, oben rechts)

Wahshungah (1830–1908) wurde 1885 zum letzten "vollblütigen" Häuptling der Kaws bzw. Kansa gewählt

[Aufdruck vorn: "Wah-Shun-Gah, Chief of the Kaws. Copyright 1909, Geo. B. Cornish, Arkansas City, Kans." | Aufdruck hinten: Post Card | Das Briefmarkenfeld verweist auf die The Albertype Co., Brooklyn, N. Y. | geteilte Rückseite | nicht postalisch gelaufen]

––––––––––––––

(Abbildung 90, unten links)

Ein junger Mann der Omaha.

[Aufdruck vorn: "Omaha Boy, Omaha Indian" | Aufdruck hinten: Post Card, Lithochrome Trade Mark. | Germany | geteilte Rückseite | 1909 postalisch gelaufen mit einer persönlichen Notiz]

––––––––––––––

(Abbildung 91, unten rechts)

Das Bild zeigt den Comanche-Krieger White Wolf auf einer inszenierten Studioaufnahme.

[Aufdruck vorn: "X 19. White Wolf, Comanche Warrior" | Aufdruck hinten: Post Card | ungeteilte Rückseite | 1906 postalisch gelaufen von Winnipeg in Kanada nach London in England | Der Schreiber bedauert es, Miss Nora H. Porter, an welche die Karte geht, nicht früher informiert zu haben, dass er "heute Nacht" nach British Columbia abreist, um in der Lokomotiven-Fabrik der Canadian Pacific Railway zu arbeiten. Das sei ungefähr 1500 Meilen von hier. "In Liebe, Ralph".]

GI-CAMA OTOE CHIEF AND WARRIOR. OTOE RESERVATION, OKLA.

Here he is at last.
I found him when he was riding fast.
And told him he was wanted by a little lass.
now please don't give him any sass.
                                              JT

WAR-CHLIN-GAH, CHIEF OF THE KIOWA.

Omaha Boy. Omaha Indian

X 24. White Wolf, Comanche Warrior.

548 Arlington St. Winnipeg
July 29. 06

of the Canadian Pacific Railway. It is about
fifteen hundred miles from here. Frank.

I deserve a licking for neglecting
you lately. Will write soon.
I am going to British Columbia
to night to work in the Locomotive works.

95

Der Comanche Quanah Parker und die Arapaho

(Abbildung 92, oben)

Bild des berühmten Comanche-Häuptlings Quanah Parker mit seiner Frau Too-Nicey (Too-Nice).

[Aufdruck vorn: "Quanah Parker and Squaw Too-Nicey, Oklahoma" | Aufdruck hinten: Post Card | Made in Germany (keine weiteren Angaben) | geteilte Rückseite | nicht postalisch gelaufen]

———————————

(Abbildung 93, oben links)

Das Kartenmotiv stellt Black Coal dar, einen prominenten Häuptling der Northern Arapaho. Das Foto stammt von etwa 1890, der Häuptling starb 1893.

[Aufdruck vorn: "Arapahoe Indian Chief" | Aufdruck hinten: Post Card | S. P. G Coloured Post Card. No. 96 Series 8 | geteilte Rückseite | (anscheinend) 1910 postalisch gelaufen nach Leamington Spa bei Birmingham in England. Leider ist der Stempel nahezu unlesbar. | Die Schreiberin teilt ihrer Schwester "Miss Smith" mit, dass Mary imstande sein wird, am Sonntag zum Tee zu kommen.]

———————————

(Abbildung 94, oben rechts)

Der Name des Mannes, "Man-Going-Up-Hill", scheint richtig zu sein, denn er erscheint gemeinsam mit seiner Frau auch auf einem anderen Foto von etwa 1900 unter diesem Namen. Er war vermutlich ein Southern Arapaho.

[Aufdruck vorn: "Man-Going-Up-Hill, Araphoe Indian (sic)" | Aufdruck hinten: Post Card, Lithochrome Trade Mark | Germany. No. AA/226 | geteilte Rückseite | nicht postalisch gelaufen]

Quanah Parker and Squaw Too-Nicey.   OKLAHOMA.

Arapahoe Indian Chief.

Man-Going-Up-Hill Arapahoe Indian

97

Cheyenne

(Abbildung 95, oben links)

Die Ansichtskarte stellt einen Cheyenne namens "Plenty Horses" dar. Das der kolorierten Karte zugrunde liegende Foto wurde 1875 im Indian Territory (Oklahoma) von John K. Hillers (1843–1925) aufgenommen.

[Aufdruck vorn: "Plenty Horses, No. 142, Copyright 1902 by Franz Huld, Publisher New York" | Aufdruck hinten: Post Card | ungeteilte Rückseite | nicht postalisch gelaufen]]

———————

(Abbildung 96, oben rechts)

Bildnis eines Cheyenne-Häuptlings namens "Red Cloud".

[Aufdruck vorn: "Chief Red Cloud, Chief of the Cheyennes" | Aufdruck hinten: Post Card, Lithochrome Trade Mark | No. CT 139 Published by The South-West News Company, Kansas City, Mo. | Dresden-Leipzig-Berlin. Made in Germany | geteilte Rückseite | 1909 postalisch gelaufen von El Reno (Okla.) nach Rochester (New York) | Die englischsprachige Aufschrift handelt vermutlich vom Postkartentausch: Der Schreiber (Name nicht klar entzifferbar) aus El Reno wendet sich an Miss Scholen (?) in Rochester, deren Namen er von einem Mr. Davidson, mit dem er Karten austauschte, erhalten hat, und würde es nett finden, auch Karten aus Rochester zu bekommen. Es ist hier von "cards" die Rede, aber der Gedanke an Postkarten liegt nahe.]

———————

(Abbildung 97, unten links)

Die Karte stellt angeblich einen Southern Cheyenne-Häuptling "Big Hawk" dar. Auf der Karte heißt es, er habe sich die Augen "ausgegraben", um nie wieder einen weißen Mann sehen zu müssen. Er mag zum Zeitpunkt der Aufnahme tatsächlich blind gewesen sein, aber die Aussage zur Ursache der Blindheit ließ sich nicht nachweisen.

[Aufdruck vorn: "Chief Big Hawk, Cheyenne Indian. The man who dug his eyes out in order to never see another white man" | Aufdruck hinten: Post Card | Litho Chrome Trade Mark Germany | geteilte Rückseite | nicht postalisch gelaufen, aber der Text auf der Vorderseite wurde hinten in die französische Sprache übersetzt]

———————

(Abbildung 98, unten rechts)

Briefmarke der USA mit der Darstellung einer Federhaube der Cheyenne.

[USA 1990 Michel # 2099]

Plenty Horses

Nº 142 Copyright 1900 by Franz Huld, Publisher New York.

Chief Red Cloud, Chief of the Cheyennes

Chief Big Hawk, Cheyenne Indian

Crow

(Abbildung 99, oben links)

Die Karte zeigt den Crow "Old Coyote" in einer Bekleidung, wie er an der Seite von General George Crook in der Schlacht am Rosebud River (1876) kämpfte. Ein wenig unklar ist, warum das Gefecht "Little Rosebud" genannt wurde.

[Aufdruck vorn: "Old Coyote – Dressed as he fought for Gen. Crook in battle of Little Rosebud. Copyright 1909 John Wanamaker" | Aufdruck hinten: Indian Mailing Card, Wanamaker – Originator | geteilte Rückseite | Auf den Rückseiten ist bei diesen Karten neben dem Feld für die Anschrift kein Platz mehr für eine persönliche Notiz, weil dort eine allgemein gehaltene Information über die Wanamaker Expedition aufgedruckt wurde. "Margaret" war jedoch schlau, und klebte für ihre persönliche Notiz an ihre Tante ein Stück Papier über den gedruckten Text. Die Karte ging 1909 von New York nach Honesdale (Pennsylvania).]

_____

(Abbildung 100, oben rechts)

Der Text verrät, dass der Crow-Häuptling "Alligator-Stands-Up" das Kommando von General George Crook am Rosebud River (vor den Lakota und Cheyenne) "rettete".

[Aufdruck vorn: "Wanamakers Historical Expedition, No. 1. Alligator-Stands-Up – The savior of Gen. Crook's command at battle of Little Rose Bud. Copyright 1909, John Wanamaker" | Aufdruck hinten: Indian Mailing Card, Wanamaker – Originator | geteilte Rückseite | nicht postalisch gelaufen | Auf der Rückseite ist neben dem Feld für die Anschrift kein Platz mehr für eine persönliche Notiz, weil dort eine allgemein gehaltene Information über die Wanamaker Expedition aufgedruckt wurde.]

_____

(Abbildung 101, unten links)

Der Crow-Häuptling "Medicine Crow" trägt auf dem Bild vermutlich eine der (mitunter auch rot-weiß gestreiften) Decken der Hudson Bay Company. Er war etwa 65 Jahre alt, das das Foto von Joseph K. Dixon (1856–1926) 1908 aufgenommen wurde.

[Aufdruck vorn: "Chief Medicine Crow. Carried the Stars and Stripes with Gen. Crook. Copyright 1909, John Wanamaker" | Aufdruck hinten: Indian Mailing Card, Wanamaker – Originator | geteilte Rückseite | nicht postalisch gelaufen | Auf der Rückseite ist neben dem Feld für die Anschrift kein Platz mehr für eine persönliche Notiz, weil dort eine allgemein gehaltene Information über die Wanamaker Expedition aufgedruckt wurde. Die Karte trägt nur eine Adresse in Howard (Pennsylvania), aber der Poststempel ist leider nicht zu entziffern.]

_____

(Abbildung 102, unten rechts)

Das Sammelbild trägt den Titel "Krieger der Krähen-Indianer". Es stellt aber den Häuptling Medicine Crow nach einem Foto von Charles M. Bell (1848–1893) von 1880 dar.

[Sammelbilderalbum Lehmann]

Old Coyote—Dressed as he fought for Gen. Crook in battle of Little Rose Bud.

Alligator-Stands-Up—The savior of Gen. Crook's command at battle of Little Rose Bud.

WANAMAKER HISTORICAL EXPEDITION No. 1.

Chief Medicine Crow, Carried the Stars and Stripes with Gen. Crook.

(Abbildung 103, oben)

Der Kartenaufdruck nennt diesen Crow-Häuptling Plenty Coos, doch es handelt sich um den berühmten Häuptling Plenty Coups (1848/49–1932). Das zugrunde liegende Foto von etwa 1900 wurde von Wilma Van Hoose Krieg aufgenommen oder stammt aus ihrem Besitz.

[Aufdruck vorn: "Chief "Plenty Coos". Crow Indians, Montana. | Aufdruck hinten: Post Card | C. T. Photochrom, A 36993;
Published and copyrighted 1913 by Geo. Lass, Billings, Montana, Made in U. S. A. | geteilte Rückseite | postalisch gelaufen, aber der Stempel ist undeutlich | Bei der Aufschrift handelt es sich um Weihnachtsgrüße]

(Abbildung 104, unten links)

Auch auf dieser Karte wird der Crow-Häuptling Plenty Coups falsch geschrieben.

[Aufdruck vorn: "Crow Chief – Plenty Coos." | Aufdruck hinten: Post Card | 11374 Printed in Germany for Coffeen's Indian Rooms, Sheridan, Wyo. | geteilte Rückseite | nicht postalisch gelaufen]

(Abbildung 105, unten rechts)

Auf dieser Karte wird der Crow "Bread" mit einer Kriegshaube abgebildet.

[Aufdruck vorn: "The Bread, in War Bonnet. Copyright 1909, John Wanamaker" | Aufdruck hinten: Indian Mailing Card, Wanamaker – Originator | geteilte Rückseite | nicht postalisch gelaufen | Auf der Rückseite ist neben dem Feld für die Anschrift kein Platz mehr für eine persönliche Notiz, weil dort eine allgemein gehaltene Information über die Wanamaker Expedition aufgedruckt wurde.]

Chief "Plenty Coos"
Crow Indians, Montana.

Crow Chief --- Plenty Coos

The Bread, in War Bonnet

Lakota

Little Wound

(Abbildung 106, oben)

Der Oglala-Häuptling Little Wound (ca. 1830–1901) war ein angesehener Anführer, der auch unter den Bedingungen der Reservation die Interessen seiner Leute vertrat. Auf diesem Foto von Herman Heyn (1866–1949) aus dem Jahr 1899 wird nachgestellt, wie er im Kreise von "Unterhäuptlingen und respektierten Kriegern" eine Beratung leitet.

[Aufdruck vorn: Keine Aufschrift | Aufdruck hinten: Post Card | Published by The Omaha News Company, Omaha, Neb. | "Chief Little Wound in Council" with sub. chiefs (sic!) and noted Sioux warriors | ungeteilte Rückseite | nicht postalisch gelaufen, aber mit Hand auf Deutsch beschriftet: "Liebe Pocahontas – Umstehend Häuptlinge in Versammlung mit vollem Kriegsschmuck. Gruß und Kuß – dein Fritz." Eine ebensolche Karte ist 1907 postalisch gelaufen.]

(Abbildung 107, unten links)

Diese Postkarte beruht auf einem Foto von 1899 aus dem Studio von Heyn und Matzen. Im Text wird auf seine einstige Rolle als kämpferischer Gegner der Weißen verwiesen und seinen angeblichen Wunsch, Häuptling Red Cloud nachzufolgen. Aus Sicht der Lakota muss man beide aber eher als gleichberechtigt ansehen, da niemand Einfluss über die Lokalgruppe des anderen ausüben konnte.

[Aufdruck vorn: Copyright-Verweis auf 1899 | No. 327 "Little Wound" Chief, is an aged indian fighter and white men hater. He participated in all principal battles of the Sioux race. His chief ambition has always been to succeed Chief Red Cloud. In the councils his influence has been felt throughout the tribe." | Published by the Omaha News Company, Omaha, Neb. ungeteilte Rückseite | nicht postalisch gelaufen]

(Abbildung 108, unten rechts)

Little Wound auf einem Sammelbild nach einem Foto (1899) von Frank A. Rinehart.

[Sammelbilderalbum Lehmann]

105

Hollow Horn Bear

(Abbildung 109, oben links)

Diese Karte beruht auf einem Foto von Delancey W. Gill, das 1905 aufgenommen wurde. Es zeigt den Lakota-Häuptling Hollow Horn Bear (Mathó Héȟloǧeča) (um 1850–1913). Er war ein Häuptling der Brulé-Lakota, der als junger Mann noch gegen indianische Feinde und Weiße gekämpft hatte, sich dann aber in der Rosebud Reservation niederließ und Mitglied der dortigen Indianerpolizei wurde. Insbesondere während der Geistertanzbewegung war er bemüht, Eskalationen zu vermeiden.

[Aufdruck vorn: "Sioux Chief Hollow Horn Bear" | Aufdruck hinten: Post Card | Anglo Indian Series. | geteilte Rückseite | postalisch gelaufen 1910 innerhalb der USA mit einer persönlichen Notiz in englischer Sprache von "Blanche" an ihre Schwester.]

(Abbildung 110, oben rechts)

Hollow Horn Bear im Jahr 1900 nach einer Fotografie von John A. Anderson (1869–1848).

[Aufdruck vorn: "Chief Hollow Horn Bear. Copyright 1900, J. A. Anderson" | Aufdruck hinten: Post Card | The Fairman Co., Cincinnati – New York. Series 124 | geteilte Rückseite | nicht postalisch gelaufen]

(Abbildung 111, unten links)

Briefmarke mit dem Portrait des Lakota-Häuptlings Hollow Horn Bear. Die Darstellung beruht auf einem 1905 von DeLancey W. Gill (1859–1940) aufgenommenen Foto.

[USA 1922–1934 Michel # 276]

SIOUX CHIEF HOLLOW HORN BEAR

CHIEF HOLLOW HORN BEAR

Weitere Lakota

(Abbildung 112, oben links)

Jack Red Cloud war der Sohn des berühmten Häuptlings Red Cloud. Er kämpfte als junger Mann am Little Big Horn und war später ein angesehener Mann unter den Oglala-Lakota. Formell von seinem Vater als sein Häuptlings-Nachfolger präsentiert, konnte Jack Red Cloud unter den Bedingungen in der Reservation jedoch keine herausragende Rolle spielen.

[Aufdruck vorn: "Jack Red Cloud, der einzige Sohn von Red Cloud. Copyright 1899, Heyn Photo Omaha" | Aufdruck hinten: Post Card | Published by The Omaha News Company, Omaha, Neb.; hergestellt vor 1907 | geteilte Rückseite | postalisch gelaufen 1909 innerhalb der USA | "Can't you read character in this face" – "Kannst du nicht den Charakter in diesem Gesicht lesen?", fragt der Schreiber bzw. die Schreiberin, geht dann aber zu einer persönlichen Notiz über.]

(Abbildung 113, oben rechts)

Thomas White Face, ein Oglala-Lakota, soll der Kartenaufschrift zufolge eine relativ helle Hautfarbe gehabt haben, obwohl er ein sogenannter "Vollblut"-Indianer war. Er sei ein sehr guter Bogenschütze gewesen.

[Aufdruck vorn (übersetzt): "Thomas White Face erhielt seinen Namen nach seiner hellhäutigen Erscheinung, aber ein Vollblut und ein Experte im Bogenschießen. Copyright 1899, Heyn Photo Omaha | Aufdruck hinten: Post Card | ungeteilte Rückseite | nicht postalisch gelaufen]

(Abbildung 114, unten links)

Little Bull – "Petit Taureau" – soll nach der Aufschrift dieser Karte ein Ober-Häuptling der Oglala-Lakota gewesen sein, doch fanden sich keine genaueren Informationen.

[Aufdruck vorn: "Little Bull – "Petit Taureau", Grand Chef des Ogallalla Sioux" | Aufdruck hinten: Carte Postale | Carel Frères, Paris | geteilte Rückseite | nicht postalisch gelaufen, aber mit einer persönlichen Notiz in frz. Sprache versehen]

NO. 223 "JACK RED CLOUD" Son of the noted old chief Red Cloud, whom he greatly resembles in appearance. His greatest hopes and expectations are to succeed his father as chief of the Sioux tribe, although he is not a favorite among his people.

Cant you read character in this face?

NO. 224 "THOMAS WHITE FACE" received his name from his light complexion. He is a "full blood" Indian of the modern type but through inheritance still retains the old time warriors' disposition and character, is an expert shot with bow and arrow.

Little Bull - "Petit Taureau", Grand Chef des Ogallalla Sioux

(Abbildung 115, oben links)

Der Oglala-Lakota Cut Flesh, über den sonst nichts weiter bekannt ist.

[Aufdruck vorn: "Cut Flesh, Ogallala Sioux Tribe. Nummer 802" | Aufdruck hinten: Post Card | B. L. Wuehler, Buffalo, N. Y. & Dresden, Germany. | Nummer 92641 | ungeteilte Rückseite | nicht postalisch gelaufen]

(Abbildung 116, oben rechts)

Der Oglala-Lakota Fast Thunder wurde 1900 im Studio Heyn in Omaha fotografiert.

[Vorn: keine Aufschrift | Aufdruck hinten: Post Card | The Omaha News Company, Omaha, Neb. | Aufdruck: "Fast Thunder" | ungeteilte Rückseite | nicht postalisch gelaufen]

(Abbildung 117, unten links)

Dieser Häuptling der Brulé-Lakota namens Conquering Bear war der Sohn jenes gleichnamigen Mannes, der 1854 bei Fort Laramie von Soldaten im Zusammenhang mit dem Streit um eine getötete Kuh niedergeschossen wurde. Sein Name wurde offensichtlich von seinem Vater übernommen, nicht aber im Zusammenhang mit der Tötung eines großen Schwarzbären, wie das auf der Karte gedruckt steht. Ob er vier Frauen und 36 Kinder hatte, wie gleichfalls auf der Karte behauptet wird, ließ sich nicht ermitteln. Das Foto wurde 1898/99 anlässlich der Indian Congress Exposition in Omaha, Nebraska, aufgenommen.

[Aufdruck vorn: "Copyright 1899, Heyn Photo Omaha" | Aufdruck hinten: Post Card | The Omaha News Company, Omaha, Neb. | Aufdruck wie Info im Postkartenbuch | ungeteilte Rückseite | nicht postalisch gelaufen]

(Abbildung 118, unten rechts)

Postkarte nach einem Foto des Lakota Clear, aufgenommen um 1900 von F. A. Rinehart, Omaha, Nebraska. Bemerkenswert ist der Kragen mit den kleinen Handspiegeln.

[Aufdruck vorn Copyrightvermerk "1903, F. A. Rinehart, Omaha, Nebr. | Rückseite ungeteilt | Die Karte ist 1904 innerhalb Deutschlands von Bernburg nach Hamburg postalisch gelaufen. Es handelt sich um Geburtstagsgrüße, welche die "dankbare Schwester Maria" an ihren Bruder Karl sendet und ihrerseits um baldige Post bittet.]

Cut-Flesh, Ogallala Sioux Tribe

(Abbildung 119, oben links)

Abbildung des Medizinmannes der Oglala-Lakota Black Heart. Das Foto wurde im Studio Herman Heyn 1899 aufgenommen.

[Vorn keine Aufschrift | Aufdruck hinten: Post Card | The Omaha News Company, Omaha, Neb. | Aufdruck: "Black Heart" is a fine specimen of the red man in face and figure, althoug his moral character is that of the white race | ungeteilte Rückseite | nicht postalisch gelaufen]

(Abbildung 120, oben rechts)

Dieser Mann wird in der Aufschrift als ein Oglala-Lakota namens Black Bird, Sohn des gleichnamigen Häuptlings, bezeichnet. Über ihn oder seinen Vater konnten keine genaueren Informationen ermittelt werden.

[Aufdruck vorn nicht überprüfbar | Omaha News Company, Omaha, Neb., No. 142 | hergestellt vor 1907 | nicht postalisch gelaufen]

(Abbildung 121, unten)

Der Oglala-Lakota Flat Iron ist um 1900 mehrfach gemalt worden, auf einem der Gemälde trägt er eine Hose, die der auf dem Foto identisch scheint; auch im Gesicht ist eine Ähnlichkeit erkennbar. Ob er zum Zeitpunkt der Fotografie allerdings 105 Jahre alt war, wie auf der Karte behauptet wird, ist fraglich.

[Aufdruck vorn: "Village de Peaux-Rouges, au Jardin d'Acclimatation. 3 – L'Indien Flat Iron, âgè de 105 ans. ND Phot" | Aufdruck hinten: Post Card (Aufschrift in verschiedenen Sprachen, keine weitere gedruckte Angabe) | geteilte Rückseite | nicht postalisch gelaufen]

VILLAGE DE PEAUX-ROUGES, au Jardin d'Acclimatation.
3 — L'Indien Flat Iron, âgé de 105 ans.   ND Phot.

Blackfoot

(Abbildung 122, oben links)

Crowfoot (Isapo-Muxika, um 1830–1890) war ein prominenter Häuptling der Blackfoot. Dieses Foto wurde 1886 von Oliver B. Buell aufgenommen.

[Aufdruck vorn: "Missiën der Paters Oblaten in de IJsvelden van Canada. Hoofdman der Roodhuiden." | Aufdruck hinten: Kloster der Paters Oblaten – Waereghem | geteilte Rückseite | nicht postalisch gelaufen]

———————

(Abbildung 123, oben rechts)

Diese kanadische Briefmarke zeigt Häuptling Crowfoot nach einem Foto, das Alexander Ross (1851–1894) 1887 aufgenommen hat.

[Canada 1986 Michel # 1008]

———————

(Abbildung 124, unten links)

Dieser Mann wird auf der Karte als Häuptling der Blackfoot bezeichnet.

[Aufdruck vorn: "A Blackfoot Chief." | Aufdruck hinten: Private Post Card | C. S. Co., Ltd., Winnipeg, No. 423, Harmon Series. | Printed in Saxony | geteilte Rückseite | 1915 postalisch gelaufen von Winipeg (Manitoba) nach Morris (Manitoba) | Leider ist die kraxelige Bleistiftaufschrift nicht entzifferbar.]

———————

(Abbildung 125, unten rechts)

Crow Eagle (Maestro Petah; Aste-Pitah) war ein Häuptling der in Kanada lebenden Piegan, welche zu den Blackfoot gehören. Das Foto wurde 1895 von Frederick W. Steele (1860–nach 1929) aufgenommen.

[Aufdruck vorn: "No. 82. Crow Eagle, a Piegan Chief, Canadian North-West. Canadian Souvenir Cards, W. G. MacFarlane, Toronto" | Aufdruck hinten: Private Post Card | ungeteilte Rückseite | nicht postalisch gelaufen](ohne Briefmarke), aber mit Anschrift und Text auf der Vorderseite versehen | "Emily" schrieb an Miss Kathleen Lucas, dies sei der Typ eines Indianers, obgleich sie sich nur noch selten wie dieser kleiden]

Missiën der Paters Oblaten in de IJsvelden van Canada
Hoofdman der Roodhuiden.

A Blackfoot Chief.

No. 82. Crow Eagle, a Piegan Chief, Canadian North-West.

This is a type of one of our
Indians, of course they very
seldom dress like this now
Emily Rilder

115

Sarcee und Stoney

(Abbildung 126, oben links)

Abbildung eines Mannes der Sarcee.

[Aufdruck vorn: "Sarcee-Indianer aus den Missionen Nordamerikas. Indien des Missions de l'Amérique du Nord." | Aufdruck hinten: Imprimerie Franciscaine – Metz | geteilte Rückseite | nicht postalisch gelaufen]

———————

(Abbildung 127, oben rechts)

Der Sarcee Setukkomuccon, auch Jim Big Plume, wurde 1911 Häuptling der Sarcee. Das der Karte zugrunde liegende Foto wurde bereits 1887 von W. Hanson Boorne (1859–1945) aufgenommen.

[Aufdruck vorn: "'Selukkomuccon'–Sarcee-Indian | Aufdruck hinten: Private Post Card | Published by W. J. Gage & Co., Ltd., Toronto | Made in Germany, No. 3299 | 1909 postalisch gelaufen von Kanada nach Frankreich | Auf der Rückseite steht in französischer Sprache eine persönliche Mitteilung, vorn der Hinweis, dass es sich hier um einen Sarsee-Mann handelt]

———————

(Abbildung 128, unten links)

Der Stoney John Simeon.

[Aufdruck vorn: "179 – John Simeon, Stoney Indian. Harmon Series. | Aufdruck hinten: Private Post Card | C. S. Co. Ltd. Winnipeg | geteilte Rückseite | nicht postalisch gelaufen]

———————

(Abbildung 129, unten rechts)

Der Stoney Hector Crawler wurde bei verschiedenen Gelegenheiten fotografiert.

[Aufdruck vorn: "Hector Crawler, Stoney Indian." | Aufdruck hinten: Private Post Card | C. S. Co., Ltd., Winnipeg, No. 424, Harmon Series | Printed in Saxony | geteilte Rückseite | nicht postalisch gelaufen | diese Kartenserie ist 1915 oder früher herausgegeben worden]

Sarcee-Indianer aus den Missionen Nordamerikas.
Indien des Missions de l'Amérique du Nord.

"Selukkomuocae" Sarcee Indian Homme de la tribu
Jean Range des Indiens Sarcee. Ontario
Qd. du des paraissnez avec un aspect
aussi esthetique.

172 - John Simeon, Stoney Indian.

Hector Crawler, Stoney Indian.

Nez Percé und Shoshone

(Abbildung 130, oben links)

Dieser Mann wird auf der Karte als Nez Percé mit dem Namen Captain Moses Pierce bezeichnet.

[Aufdruck vorn: "Capt. Moses Pierce, of Nez Perces, North Yakima, Wash." | Aufdruck hinten: Post Card Litho Chrome | Published by Fred R. (?) Goodell, North Yakima, Wash. | Germany | ungeteilte Rückseite | 1906 postalisch gelaufen, von Yakima nach Seattle | Auf der Vorderseite findet sich die Aufschrift: "Hier gibt es einige gut aussehende Indianer"]

(Abbildung 131, oben rechts)

Die Postkarte zeigt den Shoshone-Häuptling Washaki um 1885.

[Aufdruck vorn: "Chief Washakie | Aufdruck hinten: Post Card | geteilte Rückseite | nicht postalisch gelaufen]

Chief Moses-Pierce, of Hot. Perove, North Yakima, Wash.

There are some fine looking
Indians. Not very careful however
John James

CHAKIE 157

07   Krieg in Prärie und Plains

Im Jahre 1803 kaufte der US-Präsident Thomas Jefferson dem durch seine Kriege ständig unter Geldnot leidenden französischen Kaiser Napoleon Bonaparte das Land westlich des Mississippi, genannt Louisiana ab. Mit einem Schlag vergrößerte sich das Territorium der Vereinigten Staaten um 2.144.476 Quadratkilometer. Dieses Gebiet reichte von der kanadischen Grenze im Norden bis zur Mündung des Mississippi im Süden und umfasste die heutigen Bundesstaaten Montana, Wyoming, Colorado und Oklahoma. Irgendein Recht auf diese Ländereien besaßen weder Frankreich noch die USA. Von 1804 bis 1806 ließ Jefferson durch die Offiziere Meriwether Lewis und William Clark den nördlichen Teil der Neuerwerbung entlang des Missouri erforschen. Sie brachten Informationen zu Flora und Fauna, geographische Aufzeichnungen, Bodenproben und Beobachtungen über die dort lebenden Ureinwohner mit. Bald darauf drangen die ersten amerikanischen Siedler über den Mississippi nach Westen vor.

Über 200 Jahre hatten die Indianer des östlichen Waldlandes den Eindringlingen Widerstand geleistet. Die Kriege, aber vor allem die eingeschleppten europäischen Krankheiten (Pocken, Grippe usw.) hatten ihre Zahl bis um 90 Prozent schrumpfen lassen. 1832 brach das letzte Aufbegehren der Sauk unter Black Hawk zusammen. Und als ein Jahr später im November ein bisher in diesem Ausmaß nie gesehener Meteoritenschauer über den Vereinigten Staaten niederging, deuteten viele Seher der Plainsindianer das als Vorzeichen großen Unglücks. 1851 wurden den Dakota und Cheyenne in Vertragsverhandlungen bei Fort Laramie von den US-Amerikanern Ländereien westlich des Missouri zwischen dem Powder River und dem Arkansas im Süden als "ewige Jagdgebiete" zugesichert. Aber das Wort "ewig" bedeutete den Vereinigten Staaten gar nichts.

Die Ersten die vom Vordringen der Amerikaner betroffen wurden waren die Santee-Dakota, zu denen die Mdewakandon, Wahpekute, Wapeton und Sisseton zählten. Bis etwa 1850 waren rund 150.000 Siedler (darunter zahlreiche deutsche Auswanderer) in ihr Land, genannt Minnesota eingedrungen. Zwei undurchsichtige Verträge zwangen die Santee, sich auf ein schmales Gebiet entlang des Minnesota River zurückzuziehen. Die den Indianern zugesicherten Versorgungslieferungen und Geldsummen kamen unregelmäßig oder gar nicht an (Korruption). Mit dem Ausbruch des Sezessionskrieges 1861 stockten die so schon knapp bemessenen Lieferungen und blieben bald ganz aus. Dazu kam eine Missernte. Der Hunger trieb die Santee im August 1862 verzweifelt zu einem Angriff auf ihre Agentur, wo Händler noch Vorräte lagerten. Der bedeutende Anführer der Santee, Little Crow schloss sich nach einigem Zögern dem Aufstand an, verlor aber bald die Kontrolle über die Ereignisse. Die Santee überfielen Farmen, attackierten Fort Ridgely und die etwas größere Ortschaft New Ulm. Viele Siedler flohen nach Osten, etwa 500 bis 800 verloren ihr Leben. Eine Reihe Santee versuchten gefangene Weiße, die sie kannten, zu beschützen und retteten ihnen das Leben. Im September griff dann die Armee ein und nach einigen Gefechten mussten die Santee aufgeben. Eine Anzahl von ihnen floh nach Westen, große Teile ergaben sich den Amerikanern. 300 Santee wurden wegen Mordes und Vergewaltigungen angeklagt und sollten gehängt werden. Präsident

Abraham Lincoln unterzeichnete aber "nur" 38 Todesurteile. Diese wurden im Dezember 1832 vollstreckt. Little Crow traf im Juli 1863 die tödliche Kugel eines Farmers, der ihn für einen Pferdedieb hielt.

Die Amerikaner waren fest entschlossen, das neu gewonnene Land zu erschließen und auszubeuten. Auf ihren Zügen nach Westen durchquerten sie mit ihren Planwagen ungefragt das Land der Indianer. Die bekanntesten dieser Wege waren der Oregon Trail, der Santa Fe Trail und der Trail nach Kalifornien, nachdem dort 1848 Gold gefunden worden war. Bald begann auch der Bau von Eisenbahnlinien quer durch den nordamerikanischen Teilkontinent. Dadurch kam es immer wieder zu Zusammenstößen mit den dort lebenden Indianern. 1864 attackierten Colorado-Volunteers ein friedliches Lager der Cheyenne am Sand Creek und töteten dort vor allem Frauen und Kinder zum Teil auf bestialische Art und Weise. Nach Ende des Bürgerkrieges sollten Auseinandersetzungen mit den Indianern vermieden werden und so schlossen die Amerikaner 1867 den Vertrag von Medicine Lodge mit den südlichen Völkern der Kiowa, Comanche, Arapaho und dem Südteil der Cheyenne. Ihnen wurde mit den üblichen blumigen Metaphern das Gebiet südlich des Arkansas River als ihr Revier für die Büffeljagd zugesichert. Aber schon bald drangen weiße Bisonjäger in dieses Gebiet ein und schossen die Bisons massenweise wegen ihrer Häute (gut geeignet für Antriebsriemen der neuen Maschinen) und zum Teil wegen ihrer Zungen (im Osten als Delikatesse geschätzt) ab. Damit zerstörten sie mehr und mehr die Lebensgrundlage der dortigen Indianer.

Auch weiter im Norden strömten mehr und mehr Weiße ins Land der eigentlichen Eigentümer als 1862/63 in Idaho und Montana Gold gefunden wurde. Das US-amerikanische Militär errichtete zum Schutz des sogenannte Bozeman Trails, auf dem die Goldsucher ins Land der Indianer eindrangen die Forts Phil Kearny und C. F. Smith, nachdem die Oglala-Dakota unter der Führung von Red Cloud 1865 den Durchzug durch ihr Land verweigert und 1866 einen neuen Vertrag abgelehnt hatten.

Unter der Führung des Oglala Red Cloud beunruhigten die Dakota zusammen mit den mit ihnen verbündeten nördlichen Cheyenne und einigen Arapaho die neu errichteten Festungen in ihrem Gebiet, fingen Boten und Nachschublieferungen ab und töteten Soldaten, die zum Holzmachen ausgesandt worden waren. Auf diese Weise reizten die Krieger die Fortbesatzung von Phil Kearny im Dezember 1866 dazu, einen Angriff auf sie zu unternehmen. Trotz aller Bedenken des Fortkommandanten unternahm Captain Fetterman mit rund 80 zum Teil berittenen Soldaten einen Ausfall und verfolgte eine zum Schein flüchtende Abteilung von Kriegern zu einem Bergkamm, wo er mit seiner Truppe von den dort im Hinterhalt liegenden Indianern eingekreist und völlig vernichtet wurde. Die US-Amerikaner nannten dieses Gefecht später das Fetterman-Massaker, die Indianer die Schlacht der 100 Toten. Nach einigen weiteren Auseinandersetzungen sah sich das US-Militär 1868 dazu gezwungen, die Forts Kearny und Smith aufzugeben und das den verbündeten Stämmen während neuer Verhandlungen bei Fort Laramie zuzugestehen.

Natürlich fanden in geringen zeitlichen Abständen weitere Scharmützel und Kämpfe (z. B. 1868 am Washita) sowohl auf den nördlichen wie auf den südlichen Plains statt. Große Unruhen unter den Dakota löste im Jahre 1874 Ltn. Col. G. A. Custer mit einer bewaffneten Expedition in die Black Hills aus, die den Indianern als heilig galten. Die US-Amerikaner suchten dort nach günstigen Lagen für eventuelle Forts und nach Gold, das auch gefunden wurde. Es setzte ein Ansturm von weißen Goldsuchern auf die Black Hills ein, die von den Dakota immer wieder angegriffen wurden. Zu ihrem Schutz griff die US-Armee ein, was zu neuen Konflikten führte.

Im Süden reduzierten die professionellen Bisonjäger die einst scheinbar zahllosen Bisonherden immer mehr. Die von der Jagd auf diese Tiere abhängigen Indianer sahen ihre Lebensgrundlage dahinschwinden. Immer wieder kam es deshalb zu Gefechten mit den weißen Büffelschlächtern, denen nur an den Häuten und Zungen gelegen war, und mit der US-Armee. Die Kiowa und Comanche litten Hunger und die Herden der Bisons schmolzen dahin. Einer der Stützpunkte der Bisonjäger hieß Adobe Walls und bestand aus zwei Lagerhäusern, einer Schmiede und einem Saloon. Im Sommer 1874 sammelten sich in der Nähe des Stützpunktes zwischen 200 und 500 südliche Cheyenne, Arapaho, Kiowa und Comanche um den bekannten Anführer Quanah Parker (Sohn einer Weißen und eines Comanche). Als diese Streitmacht Adobe Walls angriff, befanden sich dort nur 28 Männer und eine Frau. Die Attacke der Indianer auf die festen Gebäude, in denen sich die Bisonjäger verschanzt hatten, scheiterte an der überlegenen Feuerkraft der weitreichenden, großkalibrigen Gewehre der Weißen. Die Angreifer verloren um die 15 Mann, die Verteidiger drei. Schließlich ließ Quanah Parker den Angriff abbrechen und die Bisonjäger verließen längere Zeit danach Adobe Walls und kurz darauf brannten die Comanche die Gebäude nieder. Das Scheitern der Attacke ließ das Bündnis der südlichen Indianer zerbrechen und im sogenannten Red River Krieg gelang es der US-Armee 1875 schließlich, die Comanche und ihre Verbündeten zum Aufgeben zu zwingen.

Im Norden herrschte inzwischen eine große Anspannung zwischen den dort lebenden Indianern und den US-Amerikanern. Einige Häuptlinge verschiedener Gruppen sprachen für Frieden, obwohl die Verträge mit den Weißen nur noch Papier waren. Andere Anführer hielten dagegen, dass ihre überlieferte Lebensart verteidigt werden müsse und sie sich nicht von den Lieferungen der US-Regierung abhängig machen wollten. Bei Fort Robinson (Nebraska) beriefen die Vertreter der Vereinigten Staaten 1875 eine Versammlung mit den ansässigen Indianern ein und versuchten, ihnen das Land um die Black Hills abzukaufen. Als sich der überwiegende Teil der Häuptlinge weigerte (ein großer Teil der einflussreichsten waren gar nicht gekommen) das Gebiet abzutreten, stellten die US-Unterhändler das Ultimatum, dass bis zum 31.Januar 1876 alle Indianer sich in den ihnen zugewiesenen Reservationen einzufinden hätten, ansonsten würde sie die Armee dazu zwingen.

Einige Gruppen versuchten den Termin einzuhalten, andere lehnten dieses Ultimatum ab. Daraufhin erfolgten Angriffe durch die US-Armee auf verschiedene "unbotmäßige" Indianerlager (z.B. das Dorf von Two Moons). Im Frühjahr zogen die sich frei fühlenden Indianer – Hunkpapa, Oglala, Brulé, Minneconjou, Sans Arcs, Sihasapa, Cheyenne und einige Arapaho – nach Norden zum Rosebud River, um zu jagen. Zu ihnen stieß auch eine Anzahl junger Krieger aus den Reservationen. Diese brachten die Nachricht mit, dass das US-Militär aus drei Richtungen im Anmarsch sei. General Crook käme vom Süden, Colonel Gibbon vom Westen und General Terry aus dem Osten.

Bald beobachteten Späher, dass sich General Crooks Truppen dem Rosebud River näherten und die verbündeten Indianer beschlossen, diese anzugreifen. Nach einer mehrstündigen Schlacht sah Crook sich gezwungen, seine Soldaten zurückzuziehen und auf Verstärkung und weitere Befehle zu warten. Die Indianer entschieden, nach Westen ins Tal des Little Bighorn River auszuweichen. Dort entstand ein Dorf aus den Lagerkreisen der verschiedenen Völker, das sich über fünf Kilometer hinzog. Es wird geschätzt, dass sich dort weit über 10.000 Indianer versammelt hatten. Im Juni 1876 traf hier die Nachricht ein, dass ein Kavallerietrupp die letzte Anhöhe zwischen dem Rosebud und dem Little Bighorn überquert hatte. Dabei handelte es sich um eine von General Terry entsandte Abteilung des 7. Kavallerie-Regiments unter dem Kommando von Ltn. Col. G. A. Custer mit dem eindeutigen Befehl, zu erkunden aber nicht anzugreifen. Der ehrgeizige und an Selbstüberschätzung leidende Custer aber befahl den Angriff auf das Lager. Dazu teilte er seine Kavalleristen in drei Abteilungen. Eine sollte den langsamen Packzug heranführen, die zweite unter Major Reno das Lager direkt angreifen, während Custer mit der Hauptmacht das Lager umgehen und dort attackieren wollte. Allerdings wurde den Soldaten Renos von den Indianern dermaßen zugesetzt, dass sie sich über den Little Bighorn zurückziehen und auf einer Anhöhe verschanzen mussten. Derweilen hatte Custer seine Männer zu seinem geplanten Angriff auf das Lager geführt, wurde aber schon beim Überqueren des Little Bighorn aufgehalten. Die Indianerkrieger umschwärmten die Soldaten zu Pferde oder zu Fuß, jagten sie in das zerklüftete bergige Gelände, zersprengten die Abteilungen und rieben sie eine nach der anderen auf. Auf einem Hügel soll der letzte Kampf stattgefunden haben. Dort wurde auch Custers Leiche gefunden. Es gab keine Überlebenden. Angeführt worden waren die verbündeten Stämme von Crazy Horse, Gall, Rain in the Face, Two Moons und einer Reihe anderer berühmter Häuptlinge. Sitting Bull hatte als Seher und Medizinmann spirituellen Beistand geleistet. Als die Späher berichteten, dass nunmehr General Terrys Truppen nahten, brachen die Indianer ihr Lager ab und zerstreuten sich in der Prärie. Terry fand die völlig verstörte Abteilung von Major Reno und in einiger Entfernung die Leichen von Custers Männern (über 250) vor.

Die Empörung in den Vereinigten Staaten war groß. Den "Wilden" war es gelungen, der US-Kavallerie die höchste Niederlage beizubringen, die sie je im Kampf mit Indianern erlitten hatte (die schlimmste Niederlage der US-Armee gegen Indianer war vor rund 80 Jahren noch desaströser gewesen). Von allen Forts an der Grenze zum nördlichen Indianerterritorium schwärmten die Truppen aus und durchkämmten die Plains nach den Indianern, während alle bereits in Reservaten lebenden dem Militär als Kriegsgefangene unterstellt wurden und ihre Pferde und Waffen abgeben mussten. Alle Verträge erklärten die USA für nichtig. Nacheinander stellten die Soldaten die einzelnen Indianerlager, töteten eine Reihe der Bewohner und zwangen die anderen in die Reservate. Sitting Bull entkam mit seinen Anhängern den Verfolgern über die Grenze nach Kanada.

Sehr viele Meilen weit westlicher an den Grenzen der heutigen US-Bundesstaaten Washington, Oregon und Idaho lebten die Nez Perce schon seit ewigen Zeiten. Seit ihrem ersten Zusammentreffen mit den Weißen (Lewis und Clark 1805) hatten sie mit diesen Neuankömmlingen in Frieden gelebt. Allerdings änderte sich das nach und nach durch den in der Nähe ihres Landes verlaufenden Oregon Trail, auf den mehr und mehr Siedler in das Gebiet strömten. Nach 1863 legte die US-Regierung den Nez Perces einen Vertrag vor, nachdem sie drei Viertel ihres Landes aufgeben und dafür ein kleines Reservat in Idaho erhalten sollten. Einige Nez Perce-Gruppen akzeptierten das Abkommen, andere lehnten es ab, ihr Land (das Wallowa-Tal) zu verlassen. 1873 sicherte Präsident Grant dem Anführer dieser Indianer, genannt Chief Joseph zu, dass er das Tal weiter bewohnen könne. Aber zwei Jahre später widerrief Grant diese Zusage und gab das Wallowa-Tal zur Besiedlung frei. Als sich Chief Joseph und seine Leute weigerten, dies hinzunehmen schickte die US-Regierung Militär, um die Umsiedlung in das Reservat gewaltsam durchzusetzen. Unter diesem Druck sammelten die Nez Perce ihr Vieh- und Pferdeherden, um dem Befehl Folge zu leisten. Einige Krieger aber wollten nicht aufgeben und attackierten Farmer im Umland und töteten sie. Nun sah Chief Joseph keinen anderen Weg mehr, als mit seinen Leuten nach Montana zu ziehen und dort Büffeljagd zu betreiben. Auf dem Rückzug dorthin kam es zu einer Anzahl von Gefechten mit dem die Indianer verfolgenden Militär, die meist zu Gunsten der Nez Perce verliefen. Das erste fand im Juni 1877 am White Bird Canyon statt und endete mit erheblichen Verlusten für die US-Kavallerie. Durch geschickte Manöver gelang es Chief Joseph, seine Leute, denen sich weitere Nez Perce-Gruppen angeschlossen hatten, über den Lolo-Pass nach Montana zu bringen und dort im August bei Big Hole die Soldaten erneut zurückzuschlagen, nachdem diese über 80 Indianer (fast ausschließlich Frauen und Kinder) getötet hatten. von hier aus zogen die Nez Perce südwärts nach Idaho und trafen Ende August erneut auf US-Militär bei Camas Meadows. Die US-Armee suchte überall nach den Indianern und versuchte diese einzukreisen. Mittlerweile reifte bei den Anführern der Nez Perce der Plan nach Norden zu gehen und die kanadische Grenze zu passieren – ähnlich wie es Sitting Bull mit seinen Anhängern getan hatte. Die Flüchtenden passierten die nordwestlichste Ecke von Wyoming und erreichten, nunmehr wieder in Montana das 1872 zum Nationalpark erklärte Yellowstone-Gebiet. Dieses Naturwunder besuchte gerade zu dieser Zeit General Sherman, der sofort sämtlichen Fortkommandanten des Gebietes den Befehl zukommen ließ, die Nez Perce endlich abzufangen. Aber die Indianer schüttelten durch geschickte Manöver Mitte September nach dem Kampf von Canyon Creek ihre Verfolger ab und zogen weiter nach Norden. Unter ständigen Nachhutgefechten gelang ihnen die Überquerung des Missouri River und hier schien es keine Soldaten zu geben. Um Pferden und Menschen Erholung von den Strapazen zu gewähren, ließ Chief Joseph Ende September bei den Bear Paw Mountains lagern. Aber General Miles hatte mit seinen Truppen die Nez Perce entdeckt, kreiste sie ein und belagerte sie. Nach vier Tagen mussten die Indianer nach einer Flucht von 2.000 Kilometern Anfang Oktober 1877 kapitulieren. Einige der Nez Perce konnten entkommen und erreichten Sitting Bulls Lager in Kanada. Chief Joseph und die gefangenen Indianer brachten die US-Soldaten nach Fort Leavenworth in Kansas, wo viele an Krankheiten starben. Die Überlebenden kamen schließlich in das Colville Reservat im Staate Washington.

Bereits im Frühjahr 1877 blieb Crazy Horse mit seinen Oglala kein anderer Weg, als sich bei Fort Robinson den Soldaten zu ergeben. Bei seinen Leuten befanden sich auch mehrere Gruppen der Cheyenne unter der Führung von Dull Knife und Little Wolf. Eine andere Abteilung der Cheyenne, geführt von Two Moons, war nach Norden zum Fort Keogh gezogen und ergab sich dort General Miles. Für die Cheyenne von Fort Robinson kam aus Washington der Befehl, in Zukunft zusammen mit ihren südlichen Verwandten im Indianer Territorium (Oklahoma) zu leben. Dort mussten auch sie Waffen und Pferde abliefern und bemerkten bald, dass es hier kaum Nahrung, nur schlechtes Wasser und eine unerträgliche Sommerhitze voll Moskitos gab. Das große Sterben begann. Die Häuptlinge setzten die Verwaltungs-Offiziere 1878 davon in Kenntnis, dass sie in diesem Land nicht leben könnten und darum heimwärts nach Norden gehen würde. Rund 350 überlebende Cheyenne (über 900 waren nach Oklahoma gebracht worden) verließen die Reservation und zogen nordwärts. Verfolgt von US-Truppen gelang es ihnen, ihre Verfolger immer wieder durch kleine Gefechte aufzuhalten und weiterzuziehen. Von überall her brachen aus den Forts Kavallerietrupps auf, Infanterie wurde mit den Eisenbahnen herantransportiert und Zivilisten machten auf eigene Faust Jagd auf die Cheyenne. Aber trotz Verlusten entkamen diese immer wieder. Im Oktober 1878 überquerten die Flüchtlinge unbemerkt die Gleise der schwer bewachten Union Pacific Railroad, durchfurteten den Platte River und erreichten Nebraska. Die Indianer waren nach ihrer sechs Wochen andauernden Flucht geschwächt und es fehlte ihnen an Allem. 34 der Ihren waren entweder verhungert oder getötet worden. Bei einer Beratung beschlossen Little Wolf und Dull Knife, getrennte Wege zu gehen. Während Little Wolf mit seinen Leuten weiter nach Norden zog, schlug Dull Knife mit den Seinen (etwa 150 Menschen) den Weg zu Red Clouds Agentur ein, um dort für den Winter Nahrung und Unterkunft zu erhalten. Doch Ende Oktober lief Dull Knife während eines Schneesturmes einer Kavallerieabteilung in die Arme, die ihn und seine Leute zum Fort Robinson brachten. Dort behandelte man sie erst freundlich, was sich aber änderte, als sie sich im Januar 1879 weigerten, dem Befehl des Kriegsministeriums zu folgen und wieder nach Oklahoma zurückzukehren. Nachdem die Fortbesatzung den Cheyenne kein Wasser, keine Nahrungsmittel und kein Feuerholz mehr gaben, brachen die Verzweifelten aus der Baracke in der sie untergebracht waren aus und flohen in den eisigen Winter. Die Kavalleristen verfolgten sie und schossen jeden Cheyenne nieder, egal ob Mann, Frau oder Kind. 65 wurden wieder eingefangen, Dull Knife und seine wenigen Begleiter entkamen als einzige und erreichten schließlich Red Clouds Reservat. Alle anderen fand man als steifgefrorene Leichen in der Nähe Fort Robinsons. Ein Teil der wieder gefangenen Anführer des Ausbruchs brachte man zum Fort Dodge in Kansas, wo ihnen der Prozess gemacht werden sollte, der aber nie stattfand. Little Wolfs Abteilung war bis zum Dorf von Two Moons gelangt und ergab sich dort den Soldaten von Fort Keogh. Schließlich erlaubten die US-Behörden den wieder nach Fort Robinson zurückgebrachten Cheyenne die Ansiedlung in Red Clouds Reservat von Pine Ridge. Und nach Monaten erhielten ihre Verwandten bei Fort Koegh ein eigenes Reservat am Tongue River.

Mit ihrer Kapitulation nach den Kriegen 1876/77 verloren die Dakota all ihr Land am Powder River und die Black Hills. Das aber reichte den US-Amerikanern nicht. Es wurden verschiedene Agenturen wie Pine Ridge, Standing Rock oder Rosebud errichtet. Von diesen aus sollten die Indianer beaufsichtigt und versorgt werden. Denn die immer kleiner werdenden Reservats-Gebiete gaben nach der Fast-Ausrottung der Bisons kaum noch Jagdergebnisse. Den Dakota hatte man die Waffen und Pferde weggenommen und die Männer verfielen in eine tiefe Resignation, da sie ihre Familien nicht mehr beschützen und kaum noch ernähren konnten. Dazu kamen immer mehr Siedler in das Land und drängten gegen die Grenzen der Reservationen. Sitting Bull harrte weiter in Kanada aus, obwohl ihm die dortigen Behörden den Wunsch nach einem eigenen Reservat abschlugen. Mehr und mehr seiner Anhänger gaben auf und ergaben sich den US-Behörden. Schließlich waren noch 186 Leute bei Sitting Bull und so überschritt er im Juli 1881 die Grenze und gab auf. Man internierte ihn in Fort Randall als Kriegsgefangenen. Trotzdem war sein Einfluss noch groß und die verschiedensten Dakota-Führer suchten seinen Rat. Trotz der Proteste der Indianer nahmen ihnen die US-Amerikaner immer mehr Land ab. Bei allen Zusammenkünften zu den Landverhandlungen erwies sich Sitting Bull als ein entscheidender Widersacher. Er sprach gegen alle Abtretungen von Land. Derweilen kamen aus dem Südwesten Nachrichten, die das Interesse der Dakota weckte. Ein Seher der Paiute namens Wovoka erklärte, dass die Erde den weißen Mann verschlingen und die Toten und die Bisons wiederkehren würden. Zu diesem Zweck sollten die Indianer einen Tanz der Geister abhalten und so zur Erfüllung der Prophezeiung beitragen. Um diesen Propheten zu treffen und den Tanz zu erlernen, reisten die Dakota Kicking Bear und Short Bull zu den Paiute. Nach ihrer Rückkehr lehrten sie den Tanz den Dakota auf den verschiedenen Reservaten und er verbreitete sich schnell besonders unter den Witwen, die ihre gefallenen Männer zurücksehnten. Das rief unter den Verwaltern der Reservationen Besorgnis vor einem neuen Dakota-Krieg hervor. Als einer der gefährlichsten Anführer einer möglichen Rebellion betrachteten die US-Behörden Sitting Bull, obwohl dieser der neuen Bewegung skeptisch gegenüberstand. So wurde beschlossen, den Häuptling festzunehmen und in ein Gefängnis zu bringen. Die Verhaftung sollten Indianer-Polizisten vornehmen, während sich eine Kavallerieabteilung im Hintergrund hielt. Am 15. Dezember 1890 umstellte die Indianerpolizei Sitting Bulls Haus. Als man den Häuptling ins Freie brachte, hatten sich eine große Schar Geistertänzer versammelt, um den Abtransport Sitting Bulls zu verhindern und als dieser sich nun weigerte, den Befehlen der Indianer-Polizisten zu folgen wurde er von diesen erschossen. Ins folgende Gefecht griff die Kavallerie ein und die Geistertänzer flohen. Sitting Bull wurde in einem Winkel des Friedhofes von Fort Yates verscharrt.

Seit November 1890 fanden sich immer mehr Dakota in verschiedenen Lagern zusammen, um den Tanz der Geister durchzuführen. Am Cheyenne River waren es hauptsächlich Witwen mit Kindern, die sich dort mit Big Foots Gruppe zum Tanz trafen. Als ein US-Agent einschritt, verließen die Tänzer das Reservat und zogen zum Cherry Creek. Große Verunsicherung löste die Nachricht von Sitting Bulls Ermordung aus. Als Big Foot erfuhr, dass auch er verhaftet werden sollte, machte er sich mit seinen Anhängern auf den Weg zu Red Clouds Siedlung auf Pine Ridge. Big Foot war schwer an Lungenentzündung erkrankt, als Ende Dezember US-Kavallerie auftauchte und die 120 Männer und 230 Frauen und Kinder bei eisiger Kälte zu einem Militärlager am Wounded Knee brachte. Nachdem die Soldaten auf einer Anhöhe moderne Hotchkiss-Kanonen aufgebaut hatten, traf die 7.Kavallerie, das frühere Regiment von G. A. Custer, ein. Am nächsten Morgen sollten die Dakota ihre Waffen abliefern, wobei es zu einem folgenschweren Zwischenfall kam. Ein junger Krieger wollte sein neues Gewehr nicht hergeben und während der folgenden Rangelei mit den Soldaten löste sich aus der Waffe ein Schuss. Das war der Anlass für das Militär, das Feuer auf die nun überwiegend unbewaffneten Indianer zu eröffnen. Es kam zu einem Handgemenge und die Dakota versuchten zu fliehen. Daraufhin eröffneten die Artilleristen mit ihren Kanonen das Feuer auf das Indianerlager und die berstenden Schrapnells zerfetzten die Tipis, die wenigen Männer und die Frauen und Kinder. Es war ein Gemetzel. Schließlich lagen über 150 Indianer tot und eine große Anzahl verwundet am Boden. Die Überlebenden brachten die Soldaten nach Pine Ridge. Die Toten und Verwundeten ließ man auf dem Schlachtfeld liegen, da ein Schneesturm aufzog. Am Tag darauf hoben die Soldaten ein Massengrab aus und verscharrten darin die zu grotesken Gestalten gefrorenen Dakota. Dort entstanden auch die bekannten Dokumentaraufnahmen des Fotografen Georg Trager. Mit diesem Massaker endeten die Indianerkriege im Westen Nordamerikas.

Kriege der USA gegen die Lakota

Der Dakota-Aufstand von1862

(Abbildung 132, links)

Das Kartenmotiv ist die Reproduktion eines Ölgemäldes von Thomas W. Wood (1823–1903), der diese Darstellung des Santee-Häuptlings Little Crow (Ta-oyate-duta) im Jahr 1860 malte.

[Aufdruck vorn: "Ta-oyate-duta, Little Crow. T. W. Wood, Aug. 1860" | Aufdruck hinten: Post Card | Curteichcolor | ungeteilte Rückseite | nicht postalisch gelaufen]

(Abbildung 133, rechts oben)

Phantasiedarstellung einer Kampfszene, als die Santee-Dakota 1862 versuchten, die Kleinstadt New Ulm in Minnesota zu erobern.

[Aufdruck vorn: "One of the battle scenes at New Ulm, Minn., During the Indian Massacre on Aug. 23., 1862" | Aufdruck hinten: Post Card | kein weiterer Aufdruck | ungeteilte Rückseite | nicht postalisch gelaufen]

(Abbildung 134, rechts unten)

Es handelt sich hier um eine bearbeitete und kolorierte Fotografie, welche weiße Siedler darstellt, die vor den aufständischen Santee-Dakota flüchten und sich in Sicherheit zu bringen versuchen.

[Aufdruck vorn: "Refugees Camping on Prairie, Sioux Massacre, 1862, New Ulm, Minn." | Aufdruck hinten: Post Card | 23044 – St. Paul Souvenir Co., St. Paul, Minn | geteilte Rückseite | nicht postalisch gelaufen]

ONE OF THE BATTLE SCENES AT NEW ULM, MINN.,
DURING THE INDIAN MASSACRE ON AUG. 23., 1862.

REFUGEES Camping on Prairie, Sioux Massacre, 1862, New Ulm, Minn.

(Abbildung 135, oben)

Bild eines Mannes, der hier "Indian John" genannt wird und den weißen Siedlern gegen die aufständischen Dakota geholfen haben soll.

[Aufdruck vorn: "Indian John, Friendly Sioux Scout during Massacre of 1862. M. W Crosby, Hastings Minn." | Aufdruck hinten: Carte Postale sowie Postkarte in verschiedenen Sprachen | ungeteilte Rückseite | 1906 postalisch von Hastings nach St. Paul (Minnesota) gelaufen | Auf der Vorderseite stehen Glückwünsche für das Weihnachtsfest und das neue Jahr]

(Abbildung 136, oben)

Dieses Monument wurde 1891 in New Ulm zur Erinnerung an die Verteidigung der Stadt gegen die aufständischen Santee-Dakota errichtet.

[Aufdruck vorn: "Indian Monument, New Ulm, Minn. Hand Colored, E. C. Kropp, Milwaukee" | Aufdruck hinten: Post Card | ungeteilte Rückseite | nicht postalisch gelaufen]

M W CROSBY, HASTINGS, MINN.

Indian John, Friendly Sioux Scout during Massacre of 1862.

A very merry Xmas to the Mairs family & best wishes for a Happy New Year from M. J. E.

INDIAN MONUMENT, NEW ULM, MINN.

LAND COLORED, E. C. KROPP, MILWAUKEE.

Red Clouds Krieg

(Abbildung 137, oben links)

Diese Karte mit der Darstellung des Red Cloud beruht auf einem Foto von F. A. Rinehart aus dem Jahr 1904.

[Aufdruck vorn: Chief Red Cloud, Sioux. Copyright 1904 by Frank A. Rinehart, Omaha, Neb. | Aufdruck hinten: Post Card | kein weiterer Aufdruck | ungeteilte Rückseite | nicht postalisch gelaufen, aber mit der Bleistift-Aufschrift "August 1906" versehen]

(Abbildung 138, oben rechts)

Der Oglala-Lakota-Häuptlings Red Cloud, den das Postkartenmotiv darstellt, wurde 1897 von David F. Barry (1854–1934) fotografiert.

[Aufdruck vorn: "202 Chief Red Cloud. Copyright 1899, Heyn Photo Omaha" | Aufdruck hinten: Post Card | mit Prägung | ungeteilte Rückseite | 1908 postalisch gelaufen innerhalb des Staates Missouri, aber nur mit einer Adresse]

(Abbildung 139, unten links)

Sammelbild nach einem Foto des Red Cloud von Frank A. Rinehart (1906).

[Sammelbilderalbum Lehmann]

(Abbildung 140, unten rechts)

Das Motiv dieser USA-Briefmarke beruht auf einem Foto, das von John K. Hillers (1843–1925) etwa 1880 in der Hauptstadt Washington aufgenommen wurde.

[USA 1987   Michel # 1940]

Copyrighted 1904 by F. A. Rinehart, Omaha, Neb.

202—Chief Red Cloud.

(Abbildung 141, oben)

Diese relativ moderne Postkarte stellt den sogenannten Fetterman-Kampf dar. Es ist die Reproduktion eines 1963 erstellten Gemäldes von James K. Ralston (1896–1987).

[Aufdruck vorn: "Signiert J K Ralston | Aufdruck hinten: Post Card | The Fetterman Fight, Gemälde von J. K. Ralston, Billings, Montana | geteilte Rückseite | nicht postalisch gelaufen]

Sitting Bull

(Abbildung 142, oben links)

Abbildung des Hunkpapa-Lakota-Häuptlings Sitting Bull (1831–1890) um 1885. Sitting Bull verurteilte das ständige Vordringen der Weißen und lehnte es ab, in einer Reservation sesshaft zu werden. Er organisierte den Widerstand gegen die vorrückende US-Armee, musste sich aber 1877 nach Kanada zurückziehen. Aufgrund von Versorgungsproblemen gab er 1881 auf und ging in die Reservation Standing Rock. Später begleitete er kurze Zeit Buffalo Bill's Wild West-Show, kehrte dann aber in die Reservation zurück und wurde im Zusammenhang mit den Unruhen, welche die Ausbreitung des sogenannten Geistertanzes mit sich brachten, bei seiner geplanten Verhaftung von Indianerpolizisten erschossen.

[Aufdruck vorn: "Sitting Bull, Sioux" | Aufdruck hinten: Private Mailing Card; E. C. Kropp, Milwaukee (Wisconsin), Nr. 231 | ungeteilte Rückseite | mit persönlicher Notiz 1901 aus den USA nach Belgien postalisch gelaufen]

(Abbildung 143, oben rechts)

USA-Briefmarke Mit dem Porträt von Sitting Bull.

[USA 1989   Michel # 2049]

Sitting Bull, Sioux.

Dear Madame;—
    Many thanks for your beautiful card, I note what you say and will be pleased to exchange further with you. Very Resp
                                    Ed. O. Smith.

APR 20 1901

Gall und Rain in the Face

(Abbildung 144, oben links)

Bild des Hunkpapa-Lakota-Häuptlings Gall nach einem Foto von George W. Scott (1854–1910). Das Foto wurde etwa 1882 in Fort Yates aufgenommen.

[Aufdruck vorn: "Chief Gall. For sale by H. M. Straight & Co., Pierre, S. D." | Aufdruck hinten: Private Mailing Card | geteilte Rückseite | 1910 postalisch gelaufen von Pierre (South Dakota) nach Belle Center (Ohio). Die Karte wurde im April versendet und der Schreiber oder die Schreiberin beklagte sich "it is terrible hot here" – "Es ist hier schrecklich heiß".]

(Abbildung 145, oben rechts)

Der Hunkpapa-Lakota-Häuptling Gall (um 1840–1895) erwarb durch kriegerische Taten auch im Kampf gegen die US-Truppen hohes Ansehen. Er kämpfte am Little Bighorn, ging 1877 mit Sitting Bull nach Kanada und kehrte 1881 in die USA zurück. In der Reservation zeigte er sich anpassungsfähig.

[Aufdruck vorn: "Chief Gall." | E. Frey & Co. Publishers, New York. Made in Germany | Aufdruck hinten: Post Card | ungeteilte Rückseite | nicht postalisch gelaufen]

(Abbildung 146, unten links)

Der Hunkpapa-Lakota-Häuptling "Rain in the Face" (1845–1905) war ein angesehener Krieger, der an zahlreichen Kämpfen gegen die US-Armee, auch an der Schlacht am Little Bighorn, teilnahm. Gemeinsam mit Sitting Bull zog er sich 1877 nach Kanada zurück, ergab sich dann aber 1880 in den USA, wo er den Rest seines Lebens in der Standing Rock Reservation verbrachte.

[Aufdruck vorn: "Rain in the face" Chief." | Aufdruck hinten: Private Mailing Card, E. C. Kropp, Milwaukee (Wisconsin), Nr. 232 | ungeteilte Rückseite | hergestellt vor 1907 | mit Geburtstagswünschen in deutscher Sprache innerhalb der USA postalisch gelaufen (Datum unleserlich)]

(Abbildung 147, unten rechts)

Rain-In-The-Face (um 1835–1905), ein berühmter Kriegsanführer der Hunkpapa-Lakota. Das Foto wurde um 1900 von F. A. Rinehart (Omaha, Nebraska) aufgenommen.

[Aufdruck vorn: "Rain in the Face, Sioux. Copyright 1904 by F. A. Rinehart, Omaha, Neb." | Aufdruck hinten: Post Card | ungeteilte Rückseite | nicht postalisch gelaufen, aber vorn hat jemand mit Bleistift in englischer Sprache geschrieben: "Ein fröhlicher, gutmütiger Kumpel, der dich skalpieren wird, sobald er dich sieht. Lass dir gut gehen ... [Namenskürzel unleserlich]"]

CHIEF GALL

CHIEF GALL

"Rain in the face" Chief.

Die Schlacht am Little Bighorn

(Abbildung 148, oben)

Blick über das Schlachtfeld vom Little Bighorn. Das Denkmal markiert die Stelle, an der Colonel George A. Custer gefallen sein soll.

[Aufdruck vorn: "Monument, Custer Battlefield – Cross Marks Spot Where General Custer Fell." Herbert A. Coffeen, Publisher, Sheridan, Wyo. | Aufdruck hinten: Post Card | geteilte Rückseite | nicht postalisch gelaufen]

(Abbildung 149, unten)

Foto des Schlachtfeldes, welches 1877 von Laton A. Huffman (1854–1931) aufgenommen wurde. Während die gefallenen Männer schon im Vorjahr bestattet worden waren, lagen die Pferdeknochen noch immer umher.

[Aufdruck vorn: "Unknown Remains, Custer's Massacre, June 25, 1876. From Photo taken one year later. Copyright 1906, C. F. Kneisel, Sheridan Wyo | Aufdruck hinten: Post Card | ungeteilte Rückseite | nicht postalisch gelaufen]

Monument, Custer Battlefield—Cross Marks Spot Where General Custer Fell.

Herbert A. Coffeen, Publisher, Sheridan, Wyo.

Unknown Remains, Custer's Massacre, June 25, 1876.
From photo taken one year later.

Lakota am Little Bighorn

(Abbildung 150, oben links)

Über den Oglala-Lakota Shot-In-the-Eye (Ista Ogna Opi; ca. 1835–nach 1910) ist kaum mehr bekannt, als dass er in der Schlacht am Little Bighorn durch eine Verletzung – mag es nun ein Schuss oder ein Unfall gewesen sein – sein linkes Auge verlor.

[Vorn keine Aufschrift | Aufdruck hinten: Post Card. The Omaha News Company, Omaha, Neb. | Aufdruck: "Shot in Eye" war als tapferer Kämpfer angesehen und verlor sein Auge im Custerkampf | ungeteilte Rückseite | nicht postalisch gelaufen]

———————

(Abbildung 151, oben rechts)

Sammelbild mit einer Abbildung des Shot-In-the-Eye. Das dem Bild zugrunde liegende Foto wurde 1899 vom Studio Heyn aufgenommen.

[Krickeberg, 1931]

———————

(Abbildung 152, unten)

Der Hunkpapa-Lakota Little Horse (Sunka-wakan Cikala) kämpfte 1876 in der Schlacht am Little Bighorn, wo er an der linken Hand verwundet wurde. Nach Sitting Bulls Tod 1890 lebte er bei den Oglala und war an den kriegerischen Unruhen 1890/91 beteiligt, z.B. am sogenannten Mission Fight am 30.12.1890. Das Foto wurde zur Indian Exposition in Omaha 1899 aufgenommen.

[Aufdruck vorn: Copyright 1899 Heyn Photo, Omaha | Aufdruck hinten: Post Card | The Omaha News Company, Omaha, Neb. | Aufdruck in englischer Sprache: "Little Horse" war urspr. ein Standing Rock Sioux, aber nach dem Tod von Sitting Bull zerstritt er sich mit seinen Verwandten und schloss sich den "Ogalallas" an. Im Custer-Kampf verlor er zwei Finger der linken Hand. War prominent in den Wounded-Knee-Problemen 1891. | ungeteilte Rückseite | nicht postalisch gelaufen]

(Abbildung 153, oben links)

Aufnahme des Oglala-Lakota "Broken Arm", von dem die Aufschrift der Karte berichtet, dass er am Little Bighorn gekämpft habe und im Besitz einer großen Sammlung von Skalps sei.

[Aufdruck vorn: s. obigen Text. | Aufdruck hinten: Post Card | Omaha News Company, Omaha, Nebraska | geteilte Rückseite | kein Copyright-Vermerk ersichtlich | hergestellt vermutlich um 1915 | nicht postalisch gelaufen]

———————

(Abbildung 154, oben rechts)

Foto des Oglala-Lakota Broken Arm, fotografiert 1899 von Heyn Photo, Omaha.

[Aufdruck vorn: "Broken Arm Chief – Sioux" | Aufdruck hinten: Post Card | geteilte Rückseite | nicht postalisch gelaufen]

———————

(Abbildungen 155 und 156, unten)

Zwei Sammelbilder mit Abbildungen des Oglala-Lakota Broken Arm.

[links Krickeberg, 1931; rechts Lehmann, 1932(?)]

no. 140 "BROKEN ARM" Chief- is an old Sioux warrior having a fight-
ing record. Took active and prominent part in the Custer Massacre.
Has a large collection of scalps, which he prizes most highly.

145

(Abbildung 157, oben)

Drei Lakota der Cheyenne River Reservation, die an der Schlacht am Little Bighorn teilnahmen. Die aufgedruckten Namen sind Sacred Arrow, Put on his Shoes, Wet Shirts.

[Aufdruck vorn: "Sioux of Cheyenne River Reservation" | Aufdruck hinten: Post Card | Pub. by Norfolk Post Card Co., Norfolk, Nebr. | geteilte Rückseite | nicht postalisch gelaufen]

(Abbildung 158, unten)

Teilnehmer der Schlacht am Little Bighorn.

[Aufdruck vorn: "Those Checked were in the Custer Massacre: Knife, Iron Lightning, Shell Necklace*, Put on his Shoes*, Takes his Blanket, Two Moon*, Scar Legs* | Aufdruck hinten: Post Card | Pub. by Norfolk Post Card Co., Norfolk, Nebr. | geteilte Rückseite | nicht postalisch gelaufen]

Sioux of Cheyenne River Reservation.
Left to Right.
1—Sacred Arrow.
2—Put on His Shoes.   } Custer Massacre.
3—Wet Shirts.

Those Checked Were in the Custer Massacre.
Left to Right.
1—Knife.   2—Shell Necklace.*   3—Two Moon.*
4—Iron Lightning. 5—Put on His Shoes.*   6—Scar Legs.*
                   7—Takes His Blanket.

147

Crow am Little Bighorn

(Abbildung 159, oben)

Foto von drei Crow Scouts, die sich in Begleitung von Custer am Little Bighorn befanden. Das Foto wurde von Joseph K. Dixon (1856–1926) während der Wanamaker-Expedition von 1913 aufgenommen.

[Aufdruck vorn: "Three of Custer's Crow Scouts at the Battle of the Little Big Horn. White Man Runs Him, Hairy Moccasin. Curly. Custer's Monument" | Aufdruck hinten: Post Card | geteilte Rückseite | nicht postalisch gelaufen]

―――――――――――

(Abbildung 160, unten)

Der Crow-Scout Curley (ca. 1856/60–1923), welcher sich in Begleitung Custers am Little Bighorn befand. Das Bildnis stammt von dem amerikanischen Künstler Edgar S. Paxson (1852–1919).

[Aufdruck vorn: "Crow Indian Scout who died recently, was for many years the sole survivor of the Custer Massacre; The Battle of the Big Horn, near Hardin, Montana in the Year of 1876. | Aufdruck hinten: Post Card A-99 | Natural Color Process Mc Kee Printing Company, Butte, Montana | geteilte Rückseite | nicht postalisch gelaufen]

CUSTER MONUMENT

THREE OF CUSTER'S CROW SCOUTS AT THE BATTLE OF THE LITTLE BIG HORN,
WHITE-MAN-RUNS-HIM. HAIRY MOCCASIN. CURLY.

CURLEY

Crow Indian Scout, who died recently, was for many years
the sole survivor of the Custer Massacre; The Battle of
the Big Horn, near Hardin, Montana in the year of 1876.

Indianerkriege in den südlichen Plains

(Abbildung 161, oben)

Foto des prominenten Comanche-Häuptlings Quanah Parker mit seinen beiden Frauen.

[Aufdruck vorn: "Quanah Parker, Chief of Comanches, and His Two Squaws" | Aufdruck hinten: Post Card | Published by Joe B. Baker & Bro., Lawton, Oklahoma | ungeteilte Rückseite | 1907 postalisch gelaufen von Lawton, Okla., nach Raywood, Texas | M. W. schreibt an Harry Frazer: "Ich war überrascht, zu hören, dass du in Texas bist. Glaubst du, das ist besser als Missouri? Nein ich gehe nicht in eine Schule."]

––––––––––––––

(Abbildung 162, unten links)

Sammelbild mit einer Aufnahme des Kiowa-Häuptlings Lone Wolf.

[Lehmann, 1932(?)]

––––––––––––––

(Abbildung 163, unten rechts)

Sammelbild mit einer Aufnahme des Kiowa-Häuptlings Kicking Bird.

[Lehmann, 1932(?)]

Quanah-Parker, Chief of Comanches, and His Two Squaws.

Die Flucht der Nez Percé und Chief Joseph

(Abbildung 164, oben links)

Dieses Foto von Chief Joseph wurde 1900 von De Lancey Gill aufgenommen, als der Nez-Percé-Häuptling die Stadt Washington besuchte.

[Aufdruck vorn: "Chief Joseph" | Aufdruck hinten: Post Card | ungeteilte Rückseite | postalisch wahrscheinlich 1908 gelaufen, doch ist der Stempel undeutlich | Auf der Karte befindet nur die Adresse]

————————————

(Abbildung 165, oben rechts)

Foto des Nez-Percé-Häuptlings Joseph um 1900. Das Foto wurde von Indianeragenten Major Lee Moorhouse (1850–1926) aufgenommen. Bemerkenswert ist die schöne Handelsdecke, die der Häuptling um die Schultern gelegt hat.

[Aufdruck vorn: "Pendleton Indian Robe Series – Pattern No. 750. Chief Joseph. Famous War Chief of the Nez Perce Tribe. | Copyright Lee Moorehouse, Oregon" | Aufdruck hinten: Post Card | C. C. Chapman Co. Portland | geteilte Rückseite | 1910 postalisch gelaufen mit dem handschriftlichen Hinweis auf einen Lieferanten exklusiver Weihnachtsgeschenke]

————————————

(Abbildung 166, unten)

USA-Briefmarke mit dem Bildnis von Chief Joseph nach einem Gemälde von Cyrenius Hall (1830–1896).

[USA 1968   Michel # 973

MRS. RYAN AT HOME

304 Eleventh Street

Monday
Wednesday, August 27, 9 a. m. to 9 p. m.

ART NEEDLE WORK
DISPLAY

Pendleton Indian Robe Series—Pattern No. 750
CHIEF JOSEPH
FAMOUS WAR CHIEF OF THE NEZ PERCE TRIBE

Der Whitebird Canyon, wo 1878 ein Gefecht zwischen den Nez Percé und den US-Treppen stattfand.

[Aufdruck vorn: "Whitebird Hill, between Grangeville, and Whitebird, Idaho. Old battleground of he Nez Perce indians | Aufdruck hinten: Post Card | nach dem Briefmarkenfeld kann die Karte zwischen 1910–1930 datiert werden, aber die Gesamtoptik der Karte verweist eher auf den Anfang dieser Periode | geteilte Rückseite ohne Strich | nicht postalisch gelaufen]

(Abbildung 168, unten)

Foto der Nez-Percé-Frau To-ka-map-po in hohem Alter. Der Text auf der Rückseite erzählt in englischer Sprache eine Episode aus ihrem Leben: "Während des Nez-Perce-Krieges von 1878 war To-ka-map-po in ihren besten Jahren. Während der Schlacht von Big Hole in Montana, als General Gibbon gegen Chief Joseph vorging, kämpfte sie mit diesem Hand in Hand gegen die Soldaten. Sie wurde gefangen und hinter einen Soldaten auf einem Pferd festgebunden. Der Soldat brach zum Hauptquartier auf, doch konnte sie ihre Hände von den Fesseln befreien, griff in den Gürtel des Soldaten, nahm sein Messer und erstach ihn. Dann warf sie ihn vom Pferd und flüchtete zurück zu ihren eigenen Leuten."

[Aufdruck vorn: "Ta-ka-map-po, Famous Nez Perce Female Warrior" | Aufdruck hinten: Post Card | No. 7217 Publ. by Portland Post Card Co., Portland, Ore. and Seattle, Wash. (Made in Germany) | aufgedruckte Erklärung zum Motiv siehe oben | geteilte Rückseite | nicht postalisch gelaufen, aber mit einer schwer entzifferbaren handschriftlichen Bleistift-Notiz in englischer Sprache versehen | Die Karte beruht auf einem Foto von Major Lee Moorhouse (1850–1926), der zeitweise Agent der Umatilla war und zwischen 1888 bis 1916 zahlreiche Fotos herstellte. Das Foto von To-ka-map-po wurde zwischen 1900 und 1910 aufgenommen.]

Whitebird Hill, between Grangeville, and Whitebird, Idaho,
on North and South Highway.
Drops 3000 feet in 1½ miles with 20 switchbacks. Also the
old battleground of the Nez Perce Indians.

Barker's Studio.
Grangeville, Idaho.

Ta — ka — map — po, Famous Nez Perce
Female Warrior.

155

Die Flucht der Cheyenne aus dem Indian Territory

(Abbildung 169)

Der Cheyenne-Häuptling Dull Knife / Morning Star (um 1810–1883) nach einem Foto, welches William H. Jackson (1843–1942) 1873 aufgenommen hat.

[Aufdruck vorn: "Morning Star – Dull Knife" | Aufdruck hinten: Post Card | geteilte Rückseite | nicht postalisch gelaufen]

(Abbildung 170, oben)

Phantasiedarstellung der Kapitulation des Northern Cheyenne-Häuptlings Dull Knife im April 1877.

[Aufdruck vorn: "Surrender of Chief Dull Knife to Fred M Hans, April 1877. Fred A. Mix & Co., Omaha, Neb." | Aufdruck hinten: Post Card | keine Herstellerangabe | geteilte Rückseite | nicht postalisch gelaufen]

(Abbildung 171, unten)

Gefangene Northern Cheyenne auf den Stufen des Gerichtsgebäudes von Dodge City im Jahr 1879. Die auf diese Karte geschriebenen Namen lauten: Frizzly Head, Left Hand, Wild Hog, George Reynolds Interpreter, Crow, Porcupine, Old Man, Blacksmith.

[Aufdruck vorn: "H-4176 Part of Chief "Dull Knife's" Band of captured Northern Cheyennes, at Dodge City, Kansas, 1879" | Aufdruck hinten: Post Card | Fred Harvey Card | geteilte Rückseite | nicht postalisch gelaufen]

Surrender of
Chief Dull
Knife to Fred
M. Hans,
April, 1877

FRED A. MIX & CO., OMAHA, NEB.

GRIZZLY HEAD   LEFT HAND
WILD HOG   GEORGE REYNOLDS   CROW   PORCUPINE
                  INTERPRETER   OLD MAN   BLACKSMITH

H-4176   Part Of Chief "Dull Knife's" Band Of Captured Northern Cheyennes,
          At Dodge City, Kansas, 1879.

Geistertanzbewegung und das Massaker von Wounded Knee

(Abbildung 172, oben links)

Porträt des Hunkpapa-Lakota-Häuptlings Sitting Bull.

[Aufdruck vorn: "Chief Sitting Bull. Copyright 1904 by F. A. Rinehart, Omaha, Neb." | ungeteilte Rückseite | nicht postalisch gelaufen]

(Abbildung 173, oben rechts)

Sammelbild mit der Darstellung von Indianerpolizisten.

[Volk und Bild (Sammelbildserie), 1955]

(Abbildung 174, unten)

Grab von Sitting Bull in Fort Yates im Jahr 1904 nach einem Foto von Frank B. Fiske (1883–1953). Rechts davon ein Foto von Sitting Bull, welches 1883 in Pierre, S. D., aufgenommen wurde, als er von Fort Randall zur Standing Rock Agency gebracht wurde.

[Aufdruck vorn: "Sitting Bulls Grab" | Aufdruck hinten: Post Card | ungeteilte Rückseite | 1908 postalisch gelaufen | Die Aufschrift in englischer Sprache drückt die Hoffnung aus, dass es der Adressatin gut gehen möge.]

(Abbildung 175, oben links)

Abbildung des Kicking Bear, der maßgeblich an der Einführung des Geistertanzes bei den Lakota beteiligt war.

[Aufdruck vorn: "Kicking Bear | Aufdruck hinten: Private Mailing Card, E. C. Kropp, Milwaukee (Wisconsin), Nr. 271 | ungeteilte Rückseite | hergestellt vermutlich um 1900 | nicht postalisch gelaufen, doch ist eine identische Karte 1901 abgestempelt]

(Abbildung 176, oben rechts)

Foto des Brulé-Lakota Short Bull aus dem Jahr 1891.

[Aufdruck vorn: "Short Bull" | Aufdruck hinten: Post Card | keine Herstellerangabe | geteilte Rückseite | nicht postalisch gelaufen]

(Abbildung 177, unten)

Kolorierte Darstellung, wie Soldaten und Helfer die indianischen Opfer des Massakers am Wounded Knee auf Fuhrwerke verladen. Das Bild beruht auf einem Foto, welches George E. Trager (1861–1948) im Januar 1891 aufgenommen hat.

[Aufdruck vorn: "Scenes of 1891 Battle of Wounded Knee Gathering Dead, S. Dak." | Aufdruck hinten: Post Card | 91615-B Publ. by Dan Grigg Enterprise Co., Mitchell, South Dakota | Made by Dexter Press, Inc., New York | geteilte Rückseite | nicht postalisch gelaufen]

"KICKING BEAR."

"SHORT BULL" CHIEF.

SCENES OF 1891 BATTLE OF WOUNDED KNEE GATHERING DEAD, S.DAK.

(Abbildung 178, oben)

Koloriertes Foto des "Schlachtfeldes" von Wounded Knee von George E. Trager (1861–1948) aus der gleichen Serie wie das vorhergehende Bild.

[Aufdruck vorn: "Dead Indians Wounded Knee Battle Field in 1890, S. Dak." | Aufdruck hinten: Post Card | 91617-B Publ. by Dan Grigg Enterprise Co., Mitchell, South Dakota | Made by Dexter Press, Inc., New York | geteilte Rückseite | nicht postalisch gelaufen]

(Abbildung 179, unten rechts)

Foto des Massengrabes, in welchem mindestens 120 Opfer des Massakers von Wounded Knee bestattet worden waren. Das Denkmal wurde von Indianern Anfang des 20. Jahrhunderts errichtet.

[vorn keine Aufschrift | Aufdruck hinten: Post Card | Booster Pub. Co., Martin, S. Dak. | Wounded Knee South Dakota 57794 | Long mass grave where 120 or more massacre victims were buried. Monument was erected by the Indians. | geteilte Rückseite | nicht postalisch gelaufen]

DEAD INDIANS WOUNDED KNEE BATTLE FIELD IN 1890 S.DAK.

165

08   Das 20. Jahrhundert

Nach der militärischen Niederlage und der Zwangs-Unterbringung in Reservationen begann für die ehemaligen Präriebewohner eine Zeit des Überlebenskampfes. Die Möglichkeit, auf die Jagd zu gehen war sehr eingeschränkt. Die Versorgung erfolgte durch die Verwaltung der jeweiligen Reservationen. Durch korrupte Beamte und Lieferanten versickerten große Teile der Gelder, die eigentlich für den Unterhalt der Indianer gedacht waren. Innerhalb von nur zwei Jahrzehnten war die Lebenswelt der Prärievölker zusammengebrochen. Ihr Können, ihre Werte, ihre Religion und ihr Lebensstil galten nichts mehr. Große Lethargie machte sich unter den einst so stolzen Herren der Prärie breit. Dazu kam, dass die Regierung der Vereinigten Staaten und die britische Verwaltung des Dominions Kanada vor allem kirchliche Gruppen mit dem Auftrag betraute, die Kinder der Indianer nach dem Motto "töte den Indianer, rette den Menschen" ihren Eltern zu entziehen und in Internatsschulen weit weg von ihrer Heimat unterzubringen. Dort herrschte militärischer Drill, das Benutzen der eigenen Sprache war verboten und es kam sehr häufig zu körperlicher und sexueller Gewaltanwendung. Für viele dieser Kinder bedeutete das auch den Tod, wie gegenwärtige Nachforschungen ans Licht bringen.

Auf den Reservationen gab es kaum eine Möglichkeit Geld zu verdienen und damit der Abhängigkeit von den Lebensmittellieferungen der Regierung zu entkommen und den eigenen Lebensstandard zu verbessern. Dann aber wandte sich der durch Groschenhefte und Theaterstücke berühmt gewordene ehemalige Büffeljäger und Armeescout William F. Cody, genannt "Buffalo Bill", an die Verwaltungen der Reservationen, um für seine geplante Show Indianer anzuwerben. Es gelang ihm tatsächlich, eine Anzahl Dakota (zwischen 75 und 110) für sein Unternehmen "Buffalo Bills Wild West" zu gewinnen. Für diese Männer und Frauen war das eine Möglichkeit, die Reservation zu verlassen (was sie sonst nicht durften), die amerikanischen Städte und schließlich sogar eine Reihe europäischer Länder zu bereisen und Geld zu verdienen. Für eine Saison trat sogar Sitting Bull in Codys Show auf. Denn der bezahlte die indianischen Komparsen in gleicher Höhe wie seine weißen Darsteller. Besonders in Europa strömten Millionen Besucher zu den wahrhaft gigantischen Veranstaltungen. Für die indianischen Darsteller brachte das unerwartete Erfahrungen, denn hier wurden sie bewundert, geachtet und zum Teil regelrecht verehrt. Allerdings darf nicht unerwähnt bleiben, dass sie dabei einem falschen, idealisierten Bild vom Wilden Westen dienten. Dieses Klischee, von William F. Cody sozusagen erfunden, wirkt noch bis heute in den meisten Köpfen der US-Amerikaner und der Europäer nach.

Aber nicht nur W. F. Cody gedachte von dieser Art Veranstaltungen zu profitieren. Im Indian Territory (Oklahoma) hatte Colonel George Washington Miller von den Pawnee ein Landstück gepachtet, das 45.000 Hektar umfasste. Dort betrieb er mit seinen Söhnen Joe, Zachary und George Viehzucht (u.a. Bisons) und Feldbau. Das Brandzeichen der Millers "101" gab der Ranch den Namen. Zusammen mit den Angestellten der Ranch und einer Reihe von Pawnee ließ Miller aus einem Jubiläumsanlass eine Wild West Show durchführen, an der auch der Apache Geronimo teilnahm. Eigentlich war diese Schau als einmalige Veranstaltung vorgesehen, aber der Erfolg war so gewaltig, dass ab 1907 regelmäßige

Aufführungen stattfanden. Unter dem Namen "Miller Brothers 101 Ranch Wild West Show" gastierten das Unternehmen nicht nur in den USA, sondern auch in Kanada, Mexiko und in verschiedenen europäischen und südamerikanischen Ländern. Der Höhepunkt war 1916 eine Show zusammen mit "Buffalo Bills Wild West". Nach der Unterbrechung durch den Ersten Weltkrieg existierte das Unternehmen noch bis 1931.

Der große Erfolg von Buffalo Bills Wild West Show besonders in Deutschland beeindruckte natürlich die einheimischen Zirkus-Unternehmer. Indianer-Nummern in ihr Programm aufzunehmen, schien den Inhabern von Circus Krone und Circus Sarrasani als sehr erfolgsversprechend. Dem Inhaber des letztgenannten Unternehmens aus Dresden gelang es schon 1906/07 den Dakota Black Elk, der vorher schon bei Buffalo Bill aufgetreten war, zu engagieren. Durch Vermittlung der Miller Brothers von der 101 Ranch erhielt Sarrasani 1913 die Möglichkeit 22 Dakota (wohl meist Oglala von der Pine Ridge Reservation) für seine Vorstellungen zu gewinnen. Ihre Ankunft in Dresden gestaltete sich zu einem wahren Triumphmarsch. Unter ihnen befand sich auch Edward Two Two, der während eines Gastauftrittes des Zirkus in Essen verstarb. Unter dem Eindruck der ihm von der deutschen Bevölkerung zuteil gewordenen Verehrung und Achtung verfügte er in seinem Testament, dass er auf dem Katholischen Friedhof in Dresden bestattet werden wolle. Dieses Grab existiert noch heute. Ab 1926 trat eine weitere Gruppe Indianer bei Sarrasani auf. Zu ihnen gehörte wohl der Dakota White Buffalo Man und weitere Darsteller wie Black Corn (oder Black Horn) von der Pine Ridge Reservation. Alle diese Darsteller wurden von Sarrasani sehr gut bezahlt und waren so in der Lage, ihre Angehörigen auf den Reservationen zu unterstützen. Im Zirkus Krone traten 1925 erstmals Cheyenne auf, die aber aus geschäftlichen Gründen als "Sioux" deklariert wurden.

Seit dem 19.Jahrhundert ließ der Hamburger Tierparkinhaber Hagenbeck in Stellingen Menschen aus den verschiedensten Erdteilen in sogenannten, in der heutigen Zeit übelbeleumdeten Völkerschauen auftreten. Mengen von Besuchern drängten sich, um diese fremdartigen Leute anzuschauen. Natürlich gedachte auch Hagenbeck, vom durch Buffalo Bills Wild West ausgelösten Hype um die Indianer zu profitieren. Auf Vermittlung des Sammlers und Veranstalters J. A. Jacobsen kam so 1910 eine Gruppe von 36 bis 42 Indianern, hauptsächlich Dakota, nach Hamburg. Unter ihnen befand sich auch Edward Two Two, der sich nach Ende seines Engagements darum bemühte, für weitere Auftritte in Deutschland gebucht zu werden (was ihm auch gelang). In Hamburg zeigten die Dakota vor einem Millionenpublikum die üblichen Klischees wie Kriegstänze und Überfälle auf weiße Siedler.

So trugen auch Hagenbeck und die beiden Zirkus-Unternehmer Krone und Sarrasani zum illusorischen Bild über die Ureinwohner Nordamerikas (Prärie, Pferd, Tipi, Federschmuck) in den Köpfen der deutschen Bevölkerung bei, das teilweise bis heute nachklingt. Andererseits erlebten die indianischen Darsteller, aus den Vereinigten Staaten nur Verachtung und Hass gewohnt, hier Zuneigung, Verehrung und Respekt. Diese Faktoren zur Steigerung ihres Selbstwertgefühls und nicht zuletzt die Möglichkeit durch das verdiente Geld, sich und ihren Angehörigen ein etwas menschenwürdigeres Leben zu ermöglichen, sollte dabei aber nicht unterschätzt und vor allem nicht verschwiegen werden.

Buffalo Bill's Wild West

(Abbildung 180, oben)

William F. Cody alias "Buffalo Bill" zelebriert sich hier als Friedensmacher zwischen indianischen Stämmen, aber die Zeit der Kriege zwischen den Ojibwa und Dakota war freilich schon längst vorüber.

[Aufdruck vorn: "First Peace Council ever held between Chippewas and Sioux, "Buffalo Bill" –Peace Maker." | Aufdruck hinten: Post Card | keine Herstellerangabe | geteilte Rückseite | 1908 postalisch gelaufen in USA mit einer persönlichen Mitteilung in englischer Sprache]

_____

(Abbildung 181, unten links)

Für kurze Zeit tourte auch Sitting Bull gemeinsam mit Buffalo Bill's Wild West und beide wurden um 1885 im Studio von William Notman (1826–1891) & Son gemeinsam fotografiert. Diese Postkarte zeigt auf ihrer Oberfläche eine Leinenstruktur und wurde erst um 1935 hergestellt.

[Aufdruck vorn: Buffalo Bill and Sitting Bull. Buffalo Bill Memorial Museum, Lookout Mountain, Colorado | Aufdruck hinten: Auf der Rückseite steht irrigerweise gedruckt, er sei 1891 getötet worden, als er sich der Festnahme widersetzte | Genuine Curteich – Chicago "C. T. American Art" Post Card | Leinenstruktur | nicht postalisch gelaufen]

_____

(Abbildung 182, unten rechts)

Kanadische Briefmarke mit dem gleichen Motiv wie nebenstehende Postkarte.

[Canada 2014 Michel # 3151]

First Peace Council ever held between Chippewas and Siouxs, "Buffalo Bill" Peace Maker.

Buffalo Bill and Sitting Bull

Buffalo Bill Memorial Museum, Lookout Mountain, Colorado

CANADA $1.20

(Abbildung 183, oben links)

Der Lakota Kicking Bear auf einem 1891/92 im schottischen Glasgow aufgenommenen Studioporträt. William F. Cody beschäftigte in seiner Show zahlreiche Lakota, die noch kürzlich Anhänger der Geistertanzreligion gewesen waren.

[Aufdruck vorn: "Buffalo Bill's Wild West. J. Weiner, Vienna" | Aufdruck hinten: Carte Postale sowie Postkarte in verschiedenen Sprachen | kein weiterer Aufdruck | ungeteilte Rückseite | nicht postalisch gelaufen]

(Abbildung 184, oben rechts)

Der Oglala-Lakota Rocky Bear (Inyan Mato; ca. 1825/30–1909) war ein angesehener Krieger und Teilnehmer am Fetterman-Kampf 1866 und der Schlacht am Little Big Horn. Ende der 1880er Jahre wurde er der Anführer und Sprecher der von Buffalo Bill's Wild West engagierten Lakota. Das der Karte zugrunde liegende Foto wurde 1899 im Studio von Heyn Photo, Omaha, aufgenommen.

[Aufdruck vorn: "angeschnittene Aufschrift oder Nummer." | Aufdruck hinten: Post Card | The Omaha News Company, Omaha, Neb. | Aufdruck: "Rocky Bear" nahm an Custer Fight teil und Wounded Knee und war ein großer Bewunderer von Sitting Bull. Er ist dem Weißen ein treuer Freund | ungeteilte Rückseite | nicht postalisch gelaufen]

(Abbildung 185, unten links)

Foto des Lakota Iron Tail, der in Nachfolge von Rocky Bear Anführer und Sprecher der von Buffalo Bill's Wild West engagierten Lakota wurde.

[Aufdruck vorn: "Sioux Chief Iron Tail. Copyright 1901 John F. Byrnes, Freiberg Photo, Chicago" | Aufdruck hinten: Post Card | Printed in Germany | geteilte Rückseite | nicht postalisch gelaufen, aber mit Briefmarke und Stempel von 1908 versehen]

(Abbildung 186, unten rechts)

Der Lakota Iron Whiteman, ein Teilnehmer von Buffalo Bill's Wild West.

[Aufdruck vorn: "Chief Iron Whiteman. Copyright 1901 John F. Byrnes, Freiberg Photo, Chicago" | Aufdruck hinten: Post Card | Printed in Germany | geteilte Rückseite | nicht postalisch gelaufen]

BUFFALO BILL'S WILD WEST

J. Weiner, Vienna.

Sioux Chief, Iron Tail

Chief Iron Whiteman

171

(Abbildung 187, oben)

Parade der Teilnehmer von Buffalo Bill's Wild West in Paris während der Europa-Tour 1905. Die Parade wurde von Iron Tail (Bildmitte) angeführt. Die Karte wurde von W. Schinkmann in Deutschland hergestellt.

[Aufdruck vorn: "Buffalo Bill's Wild West. Indianer" | Aufdruck hinten: Postkarte (Aufdruck in verschiedenen Sprachen) | W. Schinkman | geteilte Rückseite | nicht postalisch gelaufen]

_____

(Abbildung 188, oben links)

Der Lakota Bad Bear, Teilnehmer von Buffalo Bill's Wild West.

[Aufdruck vorn: "Bad Bear" | Aufdruck hinten: Printed in Germany | geteilte Rückseite | nicht postalisch gelaufen]

_____

(Abbildung 189, oben rechts)

Henry Between Lodge, ein Teilnehmer von Buffalo Bill's Wild West. Der Kartenaufdruck bezeichnet ihn als "Blackfoot", aber er mag ein Blackfoot-Lakota (Sihasapa) gewesen sein.

[Aufdruck vorn: "Blackfoot Indian, Henry Between Lodge. Copyright 1901 John F. Byrnes, Freiberg Photo, Chicago" | Aufdruck hinten: Printed in Germany | geteilte Rückseite | nicht postalisch gelaufen]

Buffalo Bill's Wild West.   Indianer

Bad Bear

Blackfoot Indian, Henry Between Lodge

"101 Ranch" in Bliss, Oklahoma

(Abbildung 190, oben)

Chief Goodboy und Krieger auf der 101 Ranch (Bliss, Oklahoma). Auf einer anderen Postkarte, die das gleiche Motiv wiedergibt, wird Goodboy als Ponca bezeichnet.

[Aufdruck vorn: "Chief Goodboy and Braves, 101 Ranch, Bliss Okla." | Aufdruck hinten: Post Card | CT Photochrom | Published by S. H. Kress & Co. Made in U. S. A | geteilte Rückseite | postalisch gelaufen 1914 innerhalb der USA mit einer persönlichen Info]

_____

(Abbildung 191, unten rechts)

Der Lakota Iron Tail, zeitweise Anführer Lakota von Buffalo Bill's Wild West, hier mit Frau und Kind, war zeitweise wohl auch bei der 101 Ranch beschäftigt. Die Karte stammt vermutlich von 1905/1910.

[Aufdruck vorn: "Chief Iron Tail, Wife and Boy and the 101 Ranch Bison" | Aufdruck hinten: Post Card | Pub by Kraus Mfg., Co, N. Y. | geteilte Rückseite | nicht postalisch gelaufen]

Chief Goodboy and Braves, 101 Ranch, Bliss, Okla.

Chief Iron Tail, Wife and Boy, and the 101 Ranch Bison

175

Carl Hagenbecks Tierpark in Stellingen

(Abbildung 192, oben links)

Bildnis eines Mannes, den die Aufschrift als "Indianerhäuptling American Horse" bezeichnete. Es handelt sich um Thomas American Horse, einen der wenigen Darsteller, die vom Management vorzeitig zurückgeschickt wurde, weil er ein zu großes Interesse an den deutschen Verehrerinnen zeigte.

[Aufdruck vorn: "G Dreher – Signum | Aufdruck hinten: Postkarte | Carl Hagenbeck's Tierpark, Stellingen | Indianerhäuptling American Horse | Carl Hagenbeck, Eigentum und Verlag. Nachdruck verboten! | geteilte Rückseite | 1910 postalisch gelaufen, unentzifferbarer Text]

————————

(Abbildung 193, oben rechts)

Die Familie des "Sioux-Häuptlings Yellow Thunder".

[Vorn keine Aufschrift | Aufdruck hinten: Postkarte | Carl Hagenbeck's Tierpark, Stellingen | Sioux Indianer Häuptling Yellow Thunder mit Familie | Carl Hagenbeck, Eigentum und Verlag. Nachdruck verboten! | geteilte Rückseite | nicht postalisch gelaufen]

————————

(Abbildung 194, unten)

"Sioux-Indianer: Begrüßungs-Szene"

[Aufdruck vorn: "Carl Hagenbecks Tierpark in Stellingen. Sioux-Indianer: Begrüßungs-Szene" | Aufdruck hinten: Carl Hagenbeck's Eigentum und Verlag. Nachdruck verboten! No. 1 | geteilte Rückseite | nicht postalisch gelaufen, doch wurde eine vergleichbare Karte 1910 abgestempelt]

Carl Hagenbecks Tierpark in Stellingen.
Sioux-Indianer: Begrüßungs-Szene.

177

Circus Krone

(Abbildung 195, oben)

Indianer und Cowboys der Schaustellung des Circus Krone.

[Vorn kein Aufdruck | Aufdruck hinten: Riesen-Cirkus Krone. Größte Schaustellung Europas ... Echte Sioux Indianer | geteilte Rückseite | postalisch gelaufen innerhalb Deutschlands, doch ist die letzte Ziffer des Jahres (192*) unleserlich; die Briefmarke wurde 1924 ausgegeben]

(Abbildung 196, unten)

Diese Personen sollen "Echte Sioux Indianer" sein, doch sind z. B. die Applikationen auf der Kleidung der zweiten Frau von links völlig untypisch für die Lakota. Da bei Circus Krone als Indianer fast ausschließlich Cheyenne auftraten, könnte der Kartenaufdruck zugunsten des damals bekannteren Stammesnamens falsch sein.

[Vorn kein Aufdruck | Aufdruck hinten: Riesen-Circus Krone. Größte Schaustellung Europas ... Echte Sioux Indianer | geteilte Rückseite | nicht postalisch gelaufen, gehört aber vermutlich zur gleichen Kartenserie wie die vorhergehende Karte]

Sarrasani

(Abbildung 197, oben)

Postkarte als Werbung für Sarrasani.

[Aufdruck vorn: "Sarrasani" | Aufdruck hinten: Mitteldeutsche Verlagsanstalt G. m. b. H. Heidenau-N | geteilte Rückseite | nicht postalisch gelaufen, vermutlich um 1910]

(Abbildung 198, unten links)

Das Foto auf dieser Werbekarte zeigt den Lakota White Buffalo Man (Thomas Stabber) mit seiner Frau Sallie, die 1928 bis 1935 bei Sarrassani angestellt waren.

[Vorn kein Aufdruck" | Aufdruck hinten: Post Card | Aufdruck in englischer und deutscher Sprache mit dem Hinweis, dass es sich auf dieser Souvenirkarte um echte Sioux-Indianer von Pine Ridge (South Dakota) handelt | geteilte Rückseite | nicht postalisch gelaufen, vermutlich von etwa 1930]

(Abbildung 199, unten rechts)

Auch diese Lakota stammen von Pine Ridge. Zu sehen sind William Big Charger, der 1932 in Emden starb, Whetstone mit seiner vor ihm sitzenden Frau, daneben Sallie Stabber und vorn ein unbekanntes Kind.

[Vorn kein Aufdruck" | Aufdruck hinten: Post Card | Aufdruck in englischer und deutscher Sprache mit dem Hinweis, dass es sich auf dieser Souvenirkarte um echte Sioux-Indianer von Pine Ridge (South Dakota) handelt | geteilte Rückseite | nicht postalisch gelaufen, vermutlich von etwa 1930]

Indianer in Radebeul bei Dresden

(Abbildung 200, oben)

1928 bekam das "Blockhaus" im Garten der ehemaligen Villa des Schriftstellers Karl May indianischen Besuch. Sitzend in der Bildmitte und mit Schnauzbart der Sammler und Artist Patty Frank (1876–1959). Das Blockhaus, freilich etwas umgebaut, steht übrigens noch immer und beherbergt ein kleines, aber sehenswertes Indianer-museum.

[Vorn keine Aufschrift | Aufdruck hinten: Indianischer Besuch am Blockhaus im Garten Karl Mays. Januar 1928 | Karl-May-Verlag, Radebeul bei Dresden | geteilte Rückseite | nicht postalisch gelaufen]

(Abbildung 201, oben)

Indianischer Besuch im "Blockhaus" in Radebeul bei Dresden im Jahr 1929.

[Vorn keine Aufschrift | Aufdruck hinten: Big Chief White Horse Eagle mit seiner weißen Frau beim Verlassen des Karl-May-Museums in Radebeul, das er am 18. Juni 1929 besuchte. Im Türrahmen der amerikanische Konsul Georg P. Waller, Dresden, rechts Frau Klara May, geleitet von Patty Frank, dem Bewohner des Blockhauses. | Karl-May-Verlag, Radebeul bei Dresden | geteilte Rückseite | histori-sche Karte, aber erst 1970 innerhalb der DDR postalisch gelaufen]

Schulbildung und "Assimilation

(Abbildung 202, oben)

Eingang zur "Indian Training School" in Chemawa, Oregon. Das Foto stammt von etwa 1905.

[Aufdruck vorn: "Entrance to Indian Training School, Chemawa, Near Salem, Oregon" | Aufdruck hinten: Post Card | Edward H. Mitchel, Publisher, San Francisco | geteilte Rückseite | nicht postalisch gelaufen]

––––––––––––

(Abbildung 203, unten)

Zum Appell angetretene Schülerinnen und Schüler in der "Carlisle Indian Industrial School" in Pennsylvania.

[Aufdruck vorn: Indian School, Parade Ground and Buildings, Carlisle, Pa. | Aufdruck hinten: Post Card | The Valentine-Souvenir Co., New York. Printed in U. S. A. | geteilte Rückseite | postalisch gelaufen Juli 1916 von Carlisle nach Mount Union, Pennsylvania; von einem Oliver Reed nur mit der Bemerkung "Von einem Freund" an Mr David Baxter gesendet]

1583 — ENTRANCE TO INDIAN TRAINING SCHOOL, CHEMAWA, NEAR SALEM, OREGON.

Indian School, Parade Grounds and Buildings, Carlisle, Pa.

09   Literaturauswahl

Aadland, Dan
2000   Women and Warriors of the Plains. Mountain Press Publishing Company Missoula

Beukers, Alan
2007   Der Reiz des Exotischen. National Geographic Deutschland Hamburg

Böhme, Heinz-Jürgen / Clemens, Günter
2919   Bilderbogen. Leipziger Ansichtskartenserien von 1895 bis 1945. Pro Leipzig

Burt, Ben
1978   Plains Indians, British Museum Publ. Ltd. London

Campbell, Walter Stanley
1927   The Tipis of the Crow Indians. In: American Anthropologist Vol. 29, 1927,

Dixon, Joseph K.
2015   The Vanishing Race. Calla Editions Mineola

Fleming, Paula R.
2003   Native American Photography at the Smithsonian. Smithsonian Books Washington

Fleming, Paula R. / Luskey, Judith L.
1988   Die nordamerikanischen Indianer in frühen Photographien. Verlag C. H. Beck München

1994   Schattenfänger. Die Indianer Nordamerikas in historischen Meisterphotographien. Verlag C.H. Beck München

Gibson, Daniel
2007   Little Windows on the World. In: Native Peobles Magazine March/April

Goetzmann, William H.
1991   The first Americans. Stawood Publishing Inc. Washington D.C.

Green, Richard
2013   People of the Horse Nation. Spellicans Press Oxford
2994   A Warrior I have been. Written Heritage Inc. Folsom

Günther, Carmen
1993   Alte Postkarten – vergilbt doch begehrt. In: Das Indianermagazin 2-1993

Hiesinger, Ulrich W.
1994   Indianer in Nordamerika., Prestel Verlag München

Hodge, Frederick Webb
1907   Handbook of American Indians North of Mexico Vol.1 & 2, Greenwood Press Publ. New York

Holzheid, Anett
2011   Das Medium Postkarte: Eine sprachwissenschaftliche und mediengeschichtliche Studie. Erich Schmidt Verlag GmbH & Co KG

Humber, Charles J.
1988   Canada's Native Peoples. Heirloom Publishing Inc. Mississauga

Jahn, Siegfried
2018   Postkarten Made in Germany. In: Leipziger Blätter Nr. 73, Passage-Verlag Leipzig

Jahn, Siegfried / Oeser, Rudolf
2018   Indianer Nordamerikas auf historischen Postkarten. Passage-Verlag Leipzig

Kreis, Karl Markus
1992   "Indiana" on old Postcards. In: ERNAS 6:1
Krickeberg, Walter
1931   Indianer-Bilder. Die Indianer Nordamerikas. Deutsche Zigarren-Werke Krenter Döbeln
Läng, Hans
1989   Kulturgeschichte der Indianer Nordamerikas, Lamuv Verlag GmbH Göttingen
Lebeck, Robert / Kaufmann, Gerhard
1985   Viele Grüße – Eine Kulturgeschichte der Postkarte. Harenberg Verlag Dortmund
Lehmann, Alfred
1932(?) Die Indianer wie sie wirklich waren. Zigarettenfabrik GmbH Breslau
Lindig, Wolfgang
1987   Die Indianer, Bd.1 Nordamerika, Deutscher Taschenbuch Verlag München

2012   Michel Briefmarkenkatalog Nordamerika. Schwaneberger Verlag GmbH Unterschleißheim
Ortiz, Simon J
2004   Beyond the Reach of Time and Change. University of Oklahoma Press Tucson
Scherer, Johanna Cohan
1974   Indians. Octopus Books Limited London

1900   Schillers Jahrbuch für Postkarten-Sammler. Wilh. Tümmel's Buch- und Kunstdruckerei Nürnberg
Schmidt, Claus-Torsten
1983   Weltverband Kosmopolit. Selbstverlag Düsseldorf
Schulze-Thulin, Axel
1976   Indianer der Prärien und Plains, Linden-Museum Stuttgart
Silversides, Brock V.
1994   The Faxe Pullers, Fifth House Ltd. Saskatoon
Sprague, Donovin A.
2994   Pine Ridge Indian Reservation. Arcadia Publishing, Chicago, Portsmouth, San Francisco
Stumpp, Gerhard
2012   Die Ansichtskartenherstellung in der Kunstanstalt Carl Garte. Passage-Verlag Leipzig
Symington, Fraser
1969   The Canadian Indian. McClelland and Stewart Limited Toronto
Till, Wolfgang
1983   Alte Postkarten. Verlag Battenberg München
Vander, Hannes (Hrsg.)
2010   Philokartie. Die Leidenschaft des Postkartensammelns. Fastbook Publishing, VOM Publ. House Ltd. Beau Bassin
Volk und Bild
1955   Sammelbildserie: Die Indianer Nordamerikas. Volk und Bild, Leipzig

10 Index

Im nachfolgenden Verzeichnis sind Namen indianischer Personen (kursiv gesetzt) und Ethnien nur dann aufgeführt, wenn sie in den Beschriftungen der Ansichtskarten erwähnt werden. Es ist zu beachten, dass manche der Personennamen möglicherweise nur für den Kartenaufdruck erfunden wurden.

Passage-Verlag,
Holbein-Straße 28 B,
Leipzig, 2018,
264 Seiten, € 39,95
ISBN 978-3954150717

Siegfried Jahn, Rudolf Oeser:

Indianer Nordamerikas auf historischen Postkarten

Die Kultur und Geschichte der Indianer Nordamerikas wird in diesem Buch anhand von über 700 Ansichtskarten gezeigt und mit Texten beschrieben. Im "Goldenen Zeitalter" der Ansichtskarte zu Beginn des 20. Jahrhunderts war Deutschland ein Zentrum der Postkartenproduktion. Jährlich wurden über 20 000 Tonnen gedruckte Postkarten in die Vereinigten Staaten geliefert, darunter eine Vielzahl mit Indianermotiven. Die oft seltenen, sonst nirgends publizierten Motive wurden rasch zu begehrten Sammlerobjekten und blieben auf diese Weise bis in die Gegenwart erhalten. Sie vermitteln uns einen Einblick in die Vielfalt der indianischen Kulturen Nordamerikas.

Amerindian Research

Seit 2006 präsentiert die deutschsprachige Quartalszeitschrift Amerindian Research Beiträge zu Geschichte und Kultur der indianischen Bewohner Amerikas von Alaska bis Feuerland.

Amerindian Research wendet sich gleichermaßen an Wissenschaftler, Hobby-freunde und Amateurforscher. Außerdem gibt es einen umfangreichen Rezensions-teil, der über Neuerscheinungen vorwiegend deutscher und englischsprachiger Buchtitel informiert.

Auf der Internetseite

www.amerindianresearch.de

finden Sie die Inhaltsverzeichnisse aller bisher veröffentlichten Ausgaben der Zeit-schrift, Leseproben der meisten Beiträge sowie die Möglichkeit, ältere Ausgaben dieser Zeitschrift als pdf kostenlos herunterzuladen.

Dort gibt es auch Preisangaben und Kontaktdaten für Anfragen und Bestellungen sowie Informationen zu Neuerscheinungen der Buchedition Amerindian Research.

Buchedition Amerindian Research

Unter dem Label "Edition Amerindian Research" erscheinen in loser Folge Bücher zu Geschichte und Kultur der amerikanischen Ureinwohner, die in Zusammenarbeit mit der Redaktion ausgewählt wurden, für deren Inhalte die jeweiligen Autoren jedoch selbst verantwortlich sind.

Ausgabe Nr. 1:

Rudolf Oeser:

**Die Arapaho-Indianer.
Bisonjäger der Plains.**

BoD – Books on Demand, Norderstedt, 2022.
240 S., zahlreiche Abbildungen und Übersichtskarten; Ladenpreis: 22,00 €.
ISBN 978-3-7568-1751-1

Ausgabe Nr. 2:

Ursula Thiemer-Sachse:

**Das Kaninchen im Mond.
Erzählungen – Mythen, Legenden,
Märchen, eben Tiergeschichten
jeder Art – in und von ethnischen
Gruppen in Oaxaca, Mexiko.**

BoD – Books on Demand, Norderstedt, 2022.
90 S., zahlreiche Abbildungen; Ladenpreis: 12,00 €.
ISBN 978-3-7568-3970-4

Ausgabe Nr. 3:

Siegfried Jahn:

**Die Seminolen Floridas.
Eine Chronik der Unbesiegten.**

BoD – Books on Demand, Norderstedt, 2022.
210 S., zahlreiche Abbildungen und Übersichtskarten; Ladenpreis: 26,00 €.
ISBN 978-3-7568-2765-7
(aktuell vergriffen)

Ausgabe Nr. 4:

Siegfried Jahn:

**Bourbonenlilie oder Georgskreuz:
Der French and Indian War in der
Kolonie New York 1755-1759.**

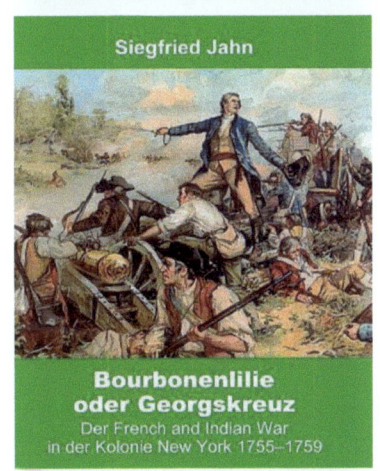

BoD – Books on Demand, Norderstedt, 2023.
208 S., zahlreiche Abbildungen und Übersichtskarten; Ladenpreis: 26,00 €.
ISBN 978-3-7431-1843-0

Ausgabe Nr. 5:

Siegfried Jahn:

**Die Kolonie Nya Sverige:
Der schwedische Ansiedlungsversuch
am Delaware River.**

BoD – Books on Demand, Norderstedt, 2023.
104 S., zahlreiche Abbildungen;
Ladenpreis: 20,00 €.
ISBN 978-3-7583-1681-4